Collection
PROFIL
dirigée par Geo

Série
PROFIL

La Vénus d'Ille
(1837)
Colomba (1840)

MÉRIMÉE

Résumé
Personnages
Thèmes

MICHEL VIEGNES
ancien élève de l'École normale supérieure
agrégé de lettres modernes

HATIER

Dans la collection « Profil », titres à consulter dans le prolongement de cette étude sur *La Vénus d'Ille* et *Colomba*.

• Sur Mérimée et son œuvre

— *Mémento de littérature française* (« Histoire littéraire », **128/129**) ; Mérimée, un maître de la nouvelle, p. 92-93.
— *Histoire de la littérature en France au XIXᵉ siècle* (« Histoire littéraire », **123-124**) ; Mérimée, l'art de la nouvelle, p. 99-100.
— *La littérature fantastique en France* (« Histoire littéraire », **127** ; Mérimée, le technicien du fantastique, p. 21-22.

• Sur le fantastique

— *La littérature fantastique en France* (« Histoire littéraire », **127**).
— *Histoire de la littérature en France au XIXᵉ siècle* (« Histoire littéraire », **123-124**) ; la nouvelle, le conte fantastique, p. 94-100.
— MAUPASSANT, *Le Horla et autres contes* (« Profil d'une œuvre », **84**) ; le fantastique de Maupassant, chap. 5.
— BUZZATI, *Le Désert des Tartares* (« Profil d'une œuvre », **40**) ; *Le Désert des Tartares*, littérature fantastique ? chap. 7.

• Sur le thème de la vengeance et de l'honneur

— CORNEILLE, *Le Cid* (« Profil d'une œuvre », **133**) ; La prépondérance de l'honneur, chap. 5.
— CORNEILLE, *Cinna* (« Profil d'une œuvre », **138**) ; Émilie, une vengeresse implacable, chap. 3.

• Profil 1000, « Guide des Profils »

Guide pour la recherche des idées, des thèmes, des références à partir de la collection « Profil ».

© HATIER, PARIS, SEPTEMBRE 1993   ISSN 0981-8170   ISBN 2-2180-**4965**-1

SOMMAIRE

Les références de pages renvoient à l'édition Gallimard, coll. « Folio ».

Fiche Profil

La Vénus d'Ille (1837)

PROSPER MÉRIMÉE
(1803-1870)

NOUVELLE FANTASTIQUE
XIX⁰ SIÈCLE

1. RÉSUMÉ

Le narrateur arrive près d'une petite ville au pied des Pyrénées, Ille, où M. de Peyrehorade a découvert dans son jardin une statue antique de Vénus. Cette statue semble porter malheur : à peine déterrée, elle est tombée sur un ouvrier et lui a cassé la jambe. M. de Peyrehorade reçoit aimablement le narrateur, lui montre sa statue, dont il est très fier, et l'invite au mariage de son fils Alphonse, qui doit se célébrer le lendemain.

Le matin même de ses noces, M. Alphonse joue une partie de jeu de paume contre des Espagnols de passage. Gêné par la grosse bague de mariage qu'il porte au doigt, et qu'il doit donner à sa femme, il l'enlève et va la passer au doigt de la statue. Le soir même, durant le repas de noces, il est très troublé, et confie au narrateur que la statue, qui semble vivante, l'a empêché de reprendre sa bague, en refermant ses doigts. Le narrateur ne le prend pas au sérieux, mais durant la nuit de noces, un drame terrible se déroule. On retrouve Alphonse mort le lendemain matin, dans la chambre nuptiale. Son épouse, folle de terreur, affirme qu'il a été étouffé par la statue.

Le narrateur soupçonne l'un des Espagnols, mais celui-ci dispose d'un bon alibi. Le narrateur quitte Ille sans avoir élucidé le mystère. Il apprend par la suite que la statue a été fondue en cloche, et que, depuis, à Ille, les vignes y ont gelé deux fois.

2. PERSONNAGES PRINCIPAUX

- **Le narrateur**, témoin du drame.
- **La famille de Peyrehorade** : le père, vieil archéologue amateur, son épouse, et leur fils Alphonse.
- **Mademoiselle de Puygarrig**, la jeune épousée.

3. AXES DE LECTURE

1. Une histoire policière et un conte fantastique.
2. Un symbolisme freudien.

Colomba

PROSPER MÉRIMÉE   NOUVELLE ROMANTIQUE
(1803-1870)   DU XIXᵉ

1. RÉSUMÉ

Orso della Rebbia, officier corse mis en congé par l'armée, rentre dans son île natale. Il fait la connaissance de deux Britanniques en voyage, le colonel Nevil et sa fille Lydia, qui veulent visiter la Corse. Les trois personnages passent quelques jours ensemble près d'Ajaccio, puis Orso est rejoint par sa sœur Colomba, avec qui il rentre dans son village de Pietranera.

Très vite, Orso comprend que sa sœur veut le pousser à venger leur père, lâchement assassiné. Colomba est persuadée que les auteurs du crime sont les Barracini, une famille qui est depuis longtemps l'ennemie des Della Rebbia. Orso, qui déteste les mœurs sanglantes de son île, repousse cette idée. Du reste, un préfet français de passage à Pietranera le met en garde contre tout acte de violence et parvient à le convaincre momentanément que les Barricini sont innocents.

Mais lors d'une entrevue avec le père Barricini et ses deux fils, en présence du préfet qui espérait réconcilier tout le monde, Colomba apporte une preuve décisive à l'appui de ses accusations. C'est désormais la guerre ouverte entre Orso et les deux fils Barricini. Ces derniers lui tendent une embuscade, au cours de laquelle Orso est blessé, mais parvient à tuer ses deux adversaires. Après quelques démêlés avec la justice, Orso est acquitté. Il épouse Miss Lydia.

2. PERSONNAGES PRINCIPAUX

- **Orso della Rebbia**, officier corse.
- **Colomba**, sœur d'Orso.
- **Le père Barricini**, maire de Pietranera.
- **Orlanduccio** et **Vincentello**, fils du maire Barricini.
- **Sir Thomas Nevil**, colonel britannique.
- **Miss Lydia**, fille du colonel Nevil.
- **Le préfet**.
- **Brandolaccio** et **Castriconi**, bandits corses alliés d'Orso.

1 Mérimée : repères biographiques

Mérimée, outre sa carrière d'écrivain, fut aussi un haut fonctionnaire de l'État et un grand voyageur. On ne saurait considérer séparément ses différentes activités, car elles ont, à des degrés divers, servi d'inspiration à son œuvre littéraire.

[annotation manuscrite : civil servant]

[annotation manuscrite : inculquer - to instill in s.b. / nouer - to build up/ strike up]

▇▇▇ LA JEUNESSE

Prosper Mérimée naît à Paris en 1803, au sein d'une famille cultivée, qui lui donne, au cours de son enfance, le goût de la littérature, et lui inculque un certain scepticisme religieux, à la manière de Voltaire. Après avoir reçu une bonne éducation générale et étudié le droit, il fait son entrée dans la vie mondaine, et fréquente les salons parisiens. C'est ainsi qu'il rencontre, en 1822, l'écrivain Stendhal, avec qui il noue une amitié durable.

▇▇▇ DÉBUTS LITTÉRAIRES

Mérimée se consacre aux lettres et publie sa première œuvre, *Le Théâtre de Clara Gazul*, en 1825. Il s'agit de courtes pièces mélodramatiques, soi-disant traduites de l'espagnol. En réalité, Mérimée en est l'auteur, et y dévoile un esprit brillant, dans la fantaisie et l'humour. Dans la même veine, il publie en 1827 *La Guzla*, recueil de ballades « yougoslaves », qu'il a en fait composées lui-même.

Après avoir été blessé lors d'un duel contre un mari jaloux, en 1828, notre auteur se tourne vers le roman historique. Ce genre attire beaucoup les romantiques : Victor Hugo, Alexandre Dumas, entre autres. C'est avec cette génération romantique que l'on voit naître l'Histoire, en tant que discipline. L'historien dont l'œuvre a eu le plus grand retentissement, Jules Michelet, était lui-même un grand écrivain.

[annotation manuscrite : distraction]

Thybard 15 Michelet s'efforçait de pratiquer « l'histoire-résurrection », qui consistait à faire revivre, à travers des récits animés et colorés, les événements et personnages de l'Histoire.

Mérimée fait paraître, en 1829, la *Chronique du règne de Charles IX*, brillant tableau des guerres de Religion au XVIᵉ siècle.

■■■■■ MÉRIMÉE, AUTEUR DE NOUVELLES

Mais c'est surtout par ses nouvelles que Mérimée assure son succès littéraire. En 1829, sa première nouvelle, *Mateo Falcone*, paraît dans *La Revue de Paris*. Le genre de la nouvelle est idéalement adapté au talent de Mérimée : la nouvelle est un récit plus court qu'un roman, où il faut faire preuve de concision, d'attention au détail, de force dramatique et de verve spirituelle. Cette même année 1829, paraissent d'autres nouvelles de notre auteur : *Vision de Charles IX*, *L'Enlèvement de la redoute*, *Tamango*. L'année suivante, il en publie deux autres : *Le Vase étrusque* et *La Partie de trictrac*. C'est entre 1829 et 1840 que Mérimée publie la plupart de ses nouvelles, dans deux revues prestigieuses de l'époque, *La Revue de Paris* et *La Revue des deux mondes*. Certaines tendent vers le fantastique, comme *Les Âmes du purgatoire* (1834) et *La Vénus d'Ille* (1837). Vers la fin de sa vie, il revient au genre fantastique, avec *Lokis* (1869) et *Djoumane* (publication posthume, 1873).

■■■■ MÉRIMÉE, HAUT FONCTIONNAIRE DE L'ÉTAT

Parallèlement à ses succès littéraires, il poursuit une brillante carrière administrative. Après avoir été secrétaire d'un ministre, il devient chef de bureau au ministère de la Marine en 1831. Promu chevalier de la Légion d'honneur, il est nommé chef de cabinet au ministère de l'Intérieur et des Cultes en 1832. Deux ans plus tard, il est nommé inspecteur général des monuments historiques. Cette dernière fonction l'amène à voyager dans toute la France, ce qui nourrit son inspiration littéraire. Cet intérêt pour la préservation et la restauration des œuvres d'art du passé est un autre trait caractéristique de cette période. Un contemporain de Mérimée, l'architecte Viollet-le-Duc, s'applique à restaurer, à travers toute la France, les monuments du Moyen Age.

En 1835, Mérimée publie ses *Notes d'un voyage dans le midi de la France*, qui lui inspirent *La Vénus d'Ille*, parue deux ans plus tard. Après la publication de *Notes d'un voyage dans l'Ouest de la France* en 1836, puis en 1838 de *Notes d'un voyage en Auvergne*, il visite la Corse et publie également des *Notes* sur ce voyage, qui lui inspirent *Colomba*. Cette nouvelle, qui est l'un de ses chefs-d'œuvre, paraît dans *La Revue des deux mondes* en juillet 1840. La même année, il se rend en Espagne, où il se documente sur la culture des Gitans [1], dont il s'inspirera pour écrire un autre chef-d'œuvre, *Carmen*, qui paraît en 1845. En 1841, il visite la Grèce et la Turquie. La plupart des romantiques, à cette époque, sont passionnés de voyages et d'exotisme. Le grand peintre romantique, Eugène Delacroix, a fait plusieurs séjours en Afrique du Nord, et a fixé sur des toiles célèbres, comme *Les Femmes d'Alger*, sa vision des civilisations orientales.

En 1844, Mérimée publie sa nouvelle *Arsène Guillot* dans *La Revue des deux mondes* ; la même année, il est reçu à l'Académie française.

■■■■ TRAVAUX HISTORIQUES ET ARCHÉOLOGIQUES

Outre la nouvelle, Mérimée se consacre à des études historiques et archéologiques. Il publie une *Notice sur les peintures de l'église de Saint-Savin*, église romane poitevine réputée pour la beauté de ses fresques. C'est à Mérimée que l'on doit la restauration de nombreux monuments que l'on peut admirer aujourd'hui. En 1853, il fait paraître *Des Monuments de France*.

---

1. Les Gitans, comme les Bohémiens, ou les Tziganes d'Europe centrale, sont l'une des branches d'un peuple nomade dont l'origine se trouve peut-être en Inde. Les Gitans, installés depuis le Moyen Age dans le sud de l'Espagne, forment une culture à part, qui était vue à l'époque avec un mélange de fascination et de suspicion. On leur attribuait une propension à voler ou à pratiquer la sorcellerie.

■ MÉRIMÉE, TRADUCTEUR ET CRITIQUE LITTÉRAIRE

Il est l'un des premiers, en France, à s'intéresser de près à la littérature russe, qu'il fait connaître par ses traductions et ses études critiques. Dès 1849, *La Revue des deux mondes* publie *La Dame de pique*, qu'il adapte d'une nouvelle d'Alexandre Pouchkine. En 1856, il traduit *Le Coup de pistolet*, du même auteur. En 1863, il rédige une préface pour *Pères et Enfants*, d'Ivan Tourgueniev. En même temps, il publie plusieurs ouvrages sur les auteurs russes et rédige l'introduction de la *Correspondance* inédite de Stendhal, ainsi qu'une étude sur Cervantès, l'auteur de *Don Quichotte*.

■ MÉRIMÉE À LA COUR DE NAPOLÉON III

1852 et 1853 sont des années sombres dans sa vie personnelle : sa mère meurt et sa maîtresse de longue date, Mme Delessert, rompt avec lui. Mais sa vie publique entame sa phase la plus brillante : il est nommé sénateur, puis devient un familier de la Cour impériale. C'est en 1858 qu'il fait faire sa fameuse dictée à Napoléon III et à l'Impératrice, qui font respectivement cinquante-quatre et quatre-vingt-dix fautes. Tout en voyageant (Angleterre, Europe centrale, Espagne), Mérimée continue à écrire. Il publie plusieurs articles sur les expositions et les musées qu'il visite, notamment le British Museum. Il est promu Commandeur, puis Grand Officier, de la Légion d'honneur. Il est très attaché au régime impérial, et tente vainement de s'opposer à sa chute en août 1870. Mais la défaite humiliante de la France, dans la guerre franco-prussienne, précipite la fin du Second Empire. Mérimée quitte Paris pour Cannes le 8 septembre 1870, malade et démoralisé, et meurt le 23 septembre.

En mai 1871, pendant la Commune de Paris, sa maison rue de Lille est incendiée par les émeutiers ; ses livres et ses papiers sont détruits. Quelques nouvelles comme *Le Viccolo de Madame Lucrezia* et *La Chambre bleue*, paraissent dans un volume posthume en 1873. On publie enfin, vingt ans après sa mort, sa volumineuse correspondance.

2 La Vénus d'Ille
Résumé

ARRIVÉE DU NARRATEUR
(p. 281-284)[1]

L'histoire se passe dans le Roussillon, dans la petite ville d'Ille, où l'auteur du récit, un archéologue parisien, se rend en visite. Il doit y rencontrer un antiquaire, M. de Peyrehorade, qui lui montrera les ruines antiques des environs. En route vers Ille, le narrateur converse avec son guide catalan, et apprend que M. de Peyrehorade a découvert dans son jardin une grande statue de bronze, représentant d'après le guide une idole des temps païens. Celui-ci ne manque pas de souligner l'aspect maléfique de la statue, dont les yeux *unlucky* blancs sont inquiétants. Du reste, lors de sa mise à jour, la statue a déjà provoqué un accident en tombant sur la jambe d'un ouvrier, Jean Coll. Le guide annonce par ailleurs au narrateur qu'Alphonse, le fils de M. de Peyrehorade, doit se marier dans les jours qui viennent.

PREMIÈRE SOIRÉE À ILLE
(p. 284-290)

Arrivé à Ille, le narrateur dîne chez M. de Peyrehorade qui lui présente son fils et sa femme. Il lui parle avec enthousiasme d'une statue de Vénus tout à fait particulière, que l'antiquaire promet de montrer à son hôte dès le lendemain. Il l'invite également au mariage de son fils.

Le narrateur monte dans sa chambre, après être passé devant celle des futurs mariés. Il ouvre sa fenêtre et aperçoit la statue au loin. Deux jeunes Illois s'en approchent : l'un d'eux lui jette une pierre, mais elle rebondit sur la statue et frappe le front du malfaiteur qui s'enfuit, terrorisé, croyant que la statue elle-même lui a renvoyé la pierre.

---

1. Le texte de Mérimée ne comporte pas de sous-titres. C'est nous qui les rajoutons, pour une meilleure compréhension de l'intrigue.

■■■■ LA VÉNUS (p. 290-296)

Le lendemain, l'antiquaire réveille son hôte pour lui montrer sa Vénus. L'archéologue reste en admiration devant la forme parfaite de la statue. Il remarque l'aspect étrange du visage qui exprime une certaine méchanceté, malgré la beauté des traits, et force presque le spectateur à baisser le regard. Puis M. de Peyrehorade montre la curieuse inscription sur le socle : *Cave amantem*, que l'auteur traduit en ces termes : « Prends garde à toi si *elle* t'aime. » La traduction des autres inscriptions sur la statue suscite une vive discussion entre les deux hommes. Le narrateur, ne voulant pas contredire M. de Peyrehorade, se contente d'admirer l'ouvrage.

■■■■ DÎNER CHEZ LA FIANCÉE D'ALPHONSE (p. 296-299)

Après le déjeuner, Alphonse de Peyrehorade s'entretient avec le narrateur : il lui parle de sa fiancée, charmante et surtout très riche. Il lui montre à son annulaire l'anneau de mariage, une bague de famille sertie de diamants dont il est très fier, et qu'il destine à sa future femme. Le soir, le dîner a lieu chez la famille de la fiancée, Mlle de Puygarrig, jeune personne aimable et séduisante, mais dont l'air un peu malicieux rappelle au narrateur les traits de la statue.

De retour chez les Peyrehorade, le narrateur fait remarquer que le mariage aura lieu un vendredi, malgré la superstition qui s'attache à ce jour. Mme de Peyrehorade en est contrariée, mais son mari s'empresse de dire que le vendredi est le jour de Vénus. N'était-elle pas la déesse de l'amour ?

■■■■ LE MATIN DE LA NOCE (p. 299-302)

Le lendemain matin, le narrateur fait un dessin de la statue, tandis que M. de Peyrehorade dispose des roses aux pieds de la déesse, en lui demandant d'être bienveillante pour le nouveau couple. Alphonse arrive, tout habillé pour la noce, et regarde le jeu de paume où s'affrontent des Espagnols et

12

des Illois. Voyant ses compatriotes perdre et n'y tenant plus, il se lance dans la partie contre le chef des Espagnols. Sa bague de diamants le gêne. Il la retire, et ne sachant trop où la mettre, il la passe au doigt de la Vénus. Après avoir gagné la partie, il s'adresse à l'Espagnol sur un ton assez peu modeste, et celui-ci, humilié, marmonne entre ses dents : « *Me lo pagaras* », ce qui signifie : « tu me le paieras ».

Une fois dans la calèche pour se rendre chez sa fiancée, Alphonse se rend compte qu'il a laissé sa bague sur la statue, mais n'envoie personne la chercher, de peur d'être ridicule.

■■■ LA NOCE (p. 302-306)

Après la cérémonie, on déjeune chez les Puygarrig. Le narrateur est choqué par l'ambiance grossière au milieu de laquelle la mariée fait exception. Le soir, le souper a lieu chez les Peyrehorade et Alphonse, malgré son air grave, boit beaucoup. Il demande au narrateur s'il peut lui parler après le repas. M. de Peyrehorade se met à chanter des vers sur « les deux Vénus », la statue romaine et la jeune mariée catalane, ce qui semble troubler son fils Alphonse.

Une fois au salon, celui-ci avoue au narrateur qu'il n'a pas pu retirer son anneau de la statue car les doigts de celle-ci se sont refermés sur la bague, et il en conclut qu'il est devenu le mari de la statue. Comme le narrateur se montre sceptique, Alphonse lui demande d'aller vérifier par lui-même.

Celui-ci accepte, puis finalement y renonce à cause de la pluie. Il regagne sa chambre directement, pensant qu'Alphonse a été victime d'hallucinations. Avant de s'endormir, le narrateur fait une longue réflexion sur le mariage.

■■■ LA NUIT DE NOCES (p. 306-307)

Le narrateur, témoin de tous les bruits de la maison, entend d'abord des pas légers qu'il attribue au cortège de la mariée. Puis, après un silence, ce sont des pas lourds qui sont, pense-t-il, ceux du marié. Après avoir mal dormi, il se réveille au petit matin et entend de nouveau les mêmes pas lourds dans l'escalier, ce qui l'étonne un peu. Puis viennent des cris confus et des lamentations. Le narrateur se lève alors et trouve Alphonse raide mort dans la chambre nuptiale, et sa femme en proie à une agitation hystérique.

ENQUÊTE DU PROCUREUR ET RÉCIT DE MME ALPHONSE
(p. 307-311)

En examinant le corps d'Alphonse, le narrateur ne voit aucune trace de sang. Mais il observe autour de la poitrine une marque circulaire et trouve sur le tapis la bague de diamants laissée sur la main de la statue. D'autre part, il ne constate aucune effraction dans la maison et les seules empreintes que la pluie a laissées vont en direction de la statue, dont l'expression perfide lui paraît effrayante.

Puis le narrateur rencontre le procureur, qui lui déclare que Mme Alphonse est folle. Il lui relate ainsi le récit que la jeune femme fait de sa nuit de noces : après s'être couchée, elle entendit quelqu'un entrer dans la chambre et supposa qu'il s'agissait de son mari. La personne se coucha lourdement sur le lit, et la jeune femme sentit une masse glacée à ses côtés. Plus tard, une autre personne entra, et lui dit : « Bonsoir, ma petite femme. » La jeune femme vit alors la statue, qui était dans son lit, étreindre son mari. Elle s'évanouit et ne se réveilla qu'au petit matin, pour voir la statue quitter la chambre laissant Alphonse inanimé.

Le procureur fait venir l'Espagnol, mais celui-ci récuse l'accusation et présente un bon alibi. De son côté, le narrateur, craignant d'être ridicule aux yeux du procureur, refuse d'explorer davantage l'hypothèse d'une intervention surnaturelle.

ÉPILOGUE (p. 311-312)

Après les funérailles, le narrateur rentre à Paris. Son ami, M. de P. lui écrit que Mme de Peyrehorade a fait fondre la statue en cloche, après la mort de son mari. Et depuis que cette cloche sonne, les vignes d'Ille ont gelé deux fois.

3 Les personnages de La Vénus d'Ille

On remarquera, dans la liste des personnages analysés au cours de ce chapitre, une absence de marque : la Vénus. Fallait-il lui conférer un statut de personnage à part entière, et l'inclure parmi les autres ? La question reste ouverte, mais pour des raisons pratiques, les commentaires sur son rôle dans la nouvelle ont été répartis entre les chapitres 4 et 5.

■■■■■ LE NARRATEUR

Le premier mot de la nouvelle est « Je ». Du début jusqu'à la fin, la nouvelle est narrée à la première personne : tous les événements nous sont présentés à travers le témoignage du narrateur. Ce dernier n'est jamais nommé. Cependant, il est clair qu'il ressemble comme un frère jumeau au véritable Mérimée, dans ses fonctions d'inspecteur des monuments historiques (voir chapitre 1). Nous verrons, dans le chapitre suivant (*cf.* p. 23), comment cette identité, entre le narrateur et l'auteur dans sa vie réelle, contribue à l'efficacité du récit fantastique.

Un sceptique rationaliste

Ce double de Mérimée qu'est le narrateur est comme lui un sceptique rationaliste. Il maintient une distance ironique par rapport aux « superstitions » concernant la Vénus, du moins jusqu'à la nuit du meurtre d'Alphonse. Ce n'est qu'après cette tragédie qu'il avoue son « effroi » en contemplant la statue (p. 308). Venant de Paris, il ne peut s'empêcher d'éprouver un sentiment de supériorité sur tous « ces honnêtes provinciaux » (p. 305). Disons franchement qu'il est un peu « snob ». La famille de Peyrehorade, à travers ses descriptions, devient une caricature de niaiserie provinciale. simpleness

Un témoin
engagé dans l'action

Le narrateur n'est pas seulement un témoin passif : il est directement impliqué dans le drame qui se joue chez M. de Peyrehorade. C'est lui qu'Alphonse appelle à l'aide le soir de ses noces, après avoir *tenté* vainement d'arracher sa bague de mariage du doigt de la statue. Sur les *sollicitations* du jeune homme, le narrateur accepte d'aller constater ce phénomène étrange par lui-même. Il y renonce ensuite, à cause de la pluie, et pensant qu'il ne peut s'agir que d'une illusion d'Alphonse. Cette décision du narrateur est capitale pour la suite de l'histoire : s'il était allé voir par lui-même, il aurait peut-être lui aussi conclu au surnaturel. Dans ce cas, toute la maisonnée aurait passé la nuit en état d'alerte, et Alphonse aurait sans doute échappé, temporairement du moins, à la fureur de Vénus.

Un narrateur détective

Après le meurtre, le narrateur joue lui-même le rôle d'un détective, enquêtant sur les lieux du crime pour trouver des indices. En vain : il ne découvre aucune « trace d'effraction » (p. 308). Il apporte son aide au procureur du roi pendant l'interrogatoire des témoins et des suspects. C'est le narrateur qui *désigne* comme suspect numéro un le muletier espagnol : ce dernier est interrogé, et le narrateur lui pose lui-même des questions. Ce rôle de détective qu'il assume renforce l'impression que ressent le lecteur à son sujet : c'est un esprit rationnel, objectif et logique. Par contraste, le mystère du meurtre en est d'autant plus troublant.

■■■■ M. DE PEYREHORADE

Ce « petit vieillard vert encore et dispos » (p. 284) est un riche propriétaire terrien, dont l'occupation principale est l'archéologie. On le désigne au début de l'histoire comme un « antiquaire ». Au XIXᵉ siècle, un antiquaire est quelqu'un qui s'intéresse aux monuments et aux objets d'art du passé.

Un personnage ridicule

M. de Peyrehorade a des traits fort sympathiques. Il se montre généreux et accueillant vis-à-vis du narrateur. Mais ce dernier insiste lourdement sur ses ridicules. Le vieil archéologue amateur ressemble à M. Homais, un personnage du roman de Flaubert, *Madame Bovary*. Comme lui, M. de Peyrehorade est un bourgeois de province qui se prend pour un savant. Malgré ses flatteries à l'égard du narrateur, qu'il appelle « un savant de Paris » (p. 286), M. de Peyrehorade trahit à tout instant une fatuité invraisemblable. Il émaille ses propos de citations de Molière (p. 287) et de Racine (p. 291). Il aime à citer le poète Virgile en latin, ce que son fils trouve assez prétentieux (p. 287).

Lorsque, enfin, il présente sa statue de Vénus au narrateur, il fait promettre à ce dernier de lui laisser tout le crédit de sa découverte dans les milieux scientifiques. Quant à ses théories sur l'origine historique de la statue, elles sont si far-felues que le narrateur, en les écoutant, doit réprimer « une forte envie de rire » (p. 294).

Un adorateur de Vénus

Le côté le plus ridicule du personnage est son attachement quasi amoureux à « sa » Vénus, ce qu'exprime bien l'adjectif possessif qu'il emploie chaque fois qu'il mentionne le nom de la déesse. Quand son épouse, irritée par cette manie, rappelle que cette statue a cassé, en tombant, la jambe de l'ouvrier Jean Coll, le vieil antiquaire n'hésite pas à déclarer, en montrant sa jambe droite : « Si ma Vénus m'avait cassé cette jambe-là, je ne la regretterais pas » (p. 287). Cette dévotion à « sa » Vénus culmine lors d'une petite scène où il offre des fleurs à la statue, dans une parodie de rituel religieux païen.

Mais ce personnage ridicule devient émouvant à la fin de l'histoire, lorsque la douleur d'avoir perdu son fils unique le terrasse. Le narrateur, dans le *Post-Scriptum* final, mentionne que le vieillard meurt quelques mois après le drame, sans doute de chagrin.

17

Elle est, comme son mari, un personnage quelque peu ridicule, qui incarne l'étroitesse de la petite bourgeoisie provinciale. Mais, à la différence de Monsieur de Peyrehorade, elle
est dénuée de prétentions intellectuelles.

narrow-mindedness [annotation in margin]

Une catholique dévote

Très pieuse, Madame de Peyrehorade voit tout de suite
d'un très mauvais œil l'engouement de son mari pour cette
« idole » païenne qu'est la Vénus. Elle est insensible à la qualité artistique de la statue. Pour cette dévote catholique, il
s'agit d'un objet impie, auquel il serait sacrilège de faire trop
d'honneur. Lorsque son mari, à demi sérieux, parle de faire
« un petit sacrifice » à « sa » Vénus pour appeler sa bénédic-
tion sur les jeunes mariés, elle est scandalisée : les voisins
ne manqueraient pas d'y voir « une abomination » (p. 298).

infatuation [annotation in margin]

L'ennemie de la Vénus

Dès le premier instant, elle envisage d'exorciser la présence sacrilège de la statue en transformant celle-ci en un
élément du culte catholique.

> « Savez-vous [dit M. de Peyrehorade au narrateur], que ma
> femme voulait que je fondisse ma statue pour en faire une
> cloche à notre église ? »
>
> (p. 287).

Comment expliquer cette hostilité spontanée à l'égard de
la Vénus ? Est-elle jalouse de l'attachement presque amoureux qu'éprouve son mari pour la belle femme de bronze ?
Est-elle offusquée, par puritanisme, de la semi-nudité de la
statue, qui représente, ne l'oublions pas, la déesse de l'amour
et de l'érotisme ? Ou bien, comme c'est le plus probable,
perçoit-elle instinctivement la puissance maléfique de la
Vénus d'Ille ? En ce cas, la mort mystérieuse de son fils doit
la confirmer dans ses soupçons. Aussitôt après la mort de
M. de Peyrehorade, son « premier soin » est de faire fondre
la statue en cloche, comme elle en avait très tôt manifesté
l'intention.

offended [annotation in margin]

■■■■ ALPHONSE

Comme son père, Alphonse de Peyrehorade est d'abord ridicule, puis émouvant en tant que victime de la tragédie qui a lieu pendant sa nuit de noces.

Un paysan déguisé en dandy

Au début, le narrateur ne trouve pas de mots assez durs pour stigmatiser le mauvais goût d'Alphonse. Ce dernier, lors du dîner de réception qu'offre la famille Peyrehorade au narrateur, apparaît très guindé, mal à l'aise dans son habit raffiné. *stilted* Ses mains sont « des mains de laboureur sortant des manches d'un dandy » (p. 285). Son caractère dénote une certaine vulgarité : la bague de mariage qu'il veut offrir à sa future femme est trop tapageuse pour l'occasion, d'après le *gaudy showy* narrateur. Il n'est pas exagéré de dire qu'Alphonse lui inspire un véritable mépris. Après avoir fait la connaissance de Mlle de Puygarrig, le narrateur se lamente qu'elle doive épouser cet homme « indigne d'elle » (p. 298). Il dépeint Alphonse, *unworthy* enfin, comme un « butor » (p. 306), c'est-à-dire un être grossier et stupide.

Un bel athlète

Pourtant, malgré son mépris pour le caractère d'Alphonse, *scorn* le narrateur admire ses qualités physiques. Il relève sa « physionomie belle et régulière » ainsi que sa « taille et ses formes athlétiques » (p. 285). Le narrateur admire aussi la contenance magnifique d'Alphonse pendant la partie de jeu de paume qu'il mène et gagne contre les Espagnols. Le fils de son hôte lui apparaît « vraiment beau » dans cette lutte sportive, comparable à « Jules César ralliant ses soldats » (p. 300). Pourquoi le narrateur insiste-t-il sur ses qualités physiques ? Peut-être, pour suggérer que c'est parce qu'Alphonse est un bel homme que la Vénus, qu'il a sans le savoir « épousée » en lui passant au doigt sa bague de mariage, est très jalouse et le tue pour le garder à elle seule. C'est une possibilité, si l'on admet l'explication surnaturelle du drame.

La proie de la Vénus

Play/victim

En montrant sa Vénus, au narrateur, M. de Peyrehorade père, qui aime, comme nous l'avons vu, à étaler sa culture, cite ce vers de *Phèdre*, la tragédie de Racine (p. 291) :

> C'est Vénus tout entière à sa proie attachée.

Malheureusement, le vieillard ne se doute pas que cette parole est tristement prophétique, car elle décrit la situation qui va s'appliquer à son fils. Alphonse est bien la « proie » de la cruelle déesse, qui va s'attacher à lui et ne le lâchera qu'après l'avoir tué (encore une fois, si l'on accepte l'interprétation surnaturelle de l'histoire). Le soir de ses noces, Alphonse semble déjà pressentir son destin funeste. La peur le paralyse : il regarde le narrateur « d'un air hagard, s'appuyant [...] pour ne pas tomber » (p. 305). Il vient en effet de constater que la statue semble vivante, et refuse de le laisser reprendre la bague qu'il lui a passée au doigt. Le narrateur attribue tous ces phénomènes à l'ivresse ; Alphonse, lui, a la conviction d'être « ensorcelé » par la Vénus (p. 304).

■■■■■ MADAME ALPHONSE

C'est par ce nom que le narrateur désigne la jeune mariée, qui s'appelait avant son mariage Mlle de Puygarrig. Elle est, elle aussi, une victime directe de la tragédie, au cours de laquelle elle perd son mari et son équilibre mental.

Une seconde Vénus

Le narrateur insiste beaucoup sur son charme et sa grâce. Elle est « non seulement belle, mais séduisante » (p. 298). Elle est raffinée, et s'exprime avec « un naturel parfait ». Mais son trait le plus remarquable, et quelque peu étrange, est qu'elle apparaît comme un double de la Vénus. Son air non « exempt d'une légère teinte de malice » rappelle au narrateur celui de la Vénus d'Ille (p. 298). Lors du dîner de noces, M. de Peyrehorade récite en l'honneur de sa belle-fille un poème de sa composition où il établit explicitement un parallèle entre les deux beautés : « Il y a deux Vénus sous mon toit », dit-il (p. 304).

Ce parallèle est fort troublant si l'on songe à la tragédie qui va suivre. La Vénus et la jeune femme se ressemblent, en un sens, du fait qu'Alphonse les a toutes deux « épousées ». Ce dernier ressent d'ailleurs une véritable terreur en écoutant le poème de son père. Son « air effaré » (p. 304) lui vient-il d'une prescience de ce qui va lui arriver ?

Est-elle « tout à fait folle » ?

C'est en ces termes peu flatteurs que le procureur du roi, qui vient d'entendre le témoignage de Mme Alphonse après le meurtre, la décrit au narrateur. C'est compréhensible : seule la folie peut rationnellement expliquer le récit qu'elle vient de faire. On se rappelle qu'elle a senti un corps « froid comme la glace » entrer dans son lit (p. 309) ; puis son mari est venu la rejoindre, et quelques instants après, elle l'a vu « entre les bras d'une espèce de géant verdâtre, qui l'étreignait avec force (p. 309-310). Elle affirme avoir reconnu dans ce « géant » la statue de bronze.

Mérimée donne-t-il à ses lecteurs des indices qui leur permettent de déterminer si Madame Alphonse a bien vu ce qu'elle décrit, ou si elle a été victime, au contraire, d'une hallucination ? On trouve, dans la bouche du procureur, la suggestion que la jeune femme est sous l'emprise d'une sorte d'hystérie collective : « Depuis qu'elle [la Vénus] est dans le pays, tout le monde en rêve » (p. 310). Cette petite phrase laisse la porte ouverte à une explication rationnelle, de type psychiatrique. Cette psychose collective a pu lui faire confondre le « géant » qui a étouffé son mari avec la statue, alors qu'il s'agissait, peut-être (mais rien ne le prouve), du muletier espagnol.

■■■■ L'ESPAGNOL

Ce personnage est en effet le suspect majeur dans l'assassinat d'Alphonse. On se souvient que cet homme dirigeait l'équipe espagnole dans la partie de jeu de paume. Or, après avoir gagné, Alphonse lui avait adressé quelques mots assez condescendants. Le narrateur avait alors vu l'Espagnol « pâlir sous sa peau basanée », et murmurer, en référence au vain-

queur arrogant : « *Mé lo pagaràs* », Tu me le paieras (p. 301).
C'est à cause de cette parole que le narrateur soupçonne cet
offended Espagnol fier et ombrageux de s'être vengé d'Alphonse en
le tuant.

Mais l'homme, au cours de l'interrogatoire, explique qu'il
expected escomptait seulement prendre une revanche au jeu de
paume ; du reste, ajoute-t-il, il n'aurait pas attendu la nuit pour
tuer Alphonse s'il avait pensé que celui-ci avait voulu l'insulter
publiquement. Par ailleurs, il se montre « calme » (p. 301) en
répondant aux questions, et possède un alibi assez convain-
cant. On se reportera au chapitre suivant, pour une analyse
plus détaillée du rôle que joue ce personnage.

■■■■ LE PROCUREUR DU ROI

Ce magistrat, qui se trouve par hasard à Ille au moment
du drame, enregistre les dépositions des principaux occu-
pants de la maison. Sa fonction correspond, pour notre
époque, à celle d'un juge d'instruction. Ni nommé ni décrit,
ce personnage joue seulement le rôle d'un témoin extérieur
et objectif, plus objectif encore que le narrateur, car il n'a
pas été mêlé de près à cette aventure.

Son rationalisme froid et détaché contraste avec le change-
ment qui s'est produit dans l'état d'esprit du narrateur. Pour
le procureur du roi, Mme Alphonse est « tout à fait folle » et
le témoignage de cette malheureuse n'a aucune valeur. Pour
autant, il est bien incapable de faire la lumière sur cette téné-
breuse affaire.

4 Le thème du fantastique dans La Vénus d'Ille

QU'EST-CE QUE LE FANTASTIQUE ?

Le terme « fantastique », de la même famille que « fantaisie », « fantasme », provient d'une racine grecque qui signifie « imaginer ». Mais il faut distinguer entre ce qui est fantastique et ce qui est simplement imaginaire. Tels personnages de romans, comme Emma Bovary ou Jean Valjean, sont imaginaires sans être pour autant fantastiques. La dimension fantastique apparaît seulement lorsque la fiction littéraire comporte des agents surnaturels (fantômes, monstres, statues animées, etc.) ou bien des événements, des situations, qui ne peuvent pas se produire dans la réalité. Pour définir plus précisément le fantastique, il convient de le distinguer de deux autres domaines : l'étrange et le merveilleux.

L'étrange et le merveilleux

L'étrange est une dimension pleine d'angoisse et de *suspense* ; on la trouve dans certains récits contenant des éléments à première vue inexplicables, voire surnaturels, mais qui sont finalement expliqués d'une manière rationnelle. Certains romans policiers appartiennent à cette catégorie.

Le merveilleux, en revanche, est une dimension où le surnaturel est accepté comme allant de soi. C'est l'univers des mythes et des contes folkloriques, qui souvent commencent par la formule : « Il était une fois.... » Les récits merveilleux abondent en prodiges (pouvoirs magiques, animaux qui parlent, personnages surhumains, et autres sortilèges). Le merveilleux satisfait notre besoin de rêve et de fantaisie ; il cause rarement l'effroi ou l'angoisse, car nous sommes transportés, à travers lui, dans un monde totalement irréel, étranger à notre expérience courante : *La Belle et la Bête*, le film célèbre de Jean Cocteau, est un excellent exemple des qualités poétiques inhérentes au merveilleux.

La spécificité du fantastique

Le fantastique à proprement parler est une dimension intermédiaire entre l'étrange et le merveilleux. Est fantastique, au sens strict du terme, un récit qui nous laisse le choix entre deux interprétations, l'une rationnelle, l'autre surnaturelle, sans nous donner de raison décisive de pencher vers l'une plutôt que vers l'autre. La marque du fantastique est donc l'hésitation du lecteur : dans un cadre réaliste surgit un élément (personnage ou situation) qui semble défier les lois de la nature. Est-on vraiment en présence du surnaturel, ou bien existe-t-il une explication rationnelle ? Si l'on peut répondre nettement à cette question, le récit bascule soit dans le merveilleux, soit dans l'étrange. Mais dans un récit fantastique, cette question demeure sans réponse nette et définitive [1].

La Vénus d'Ille est considérée comme un exemple de récit fantastique, selon cette définition. Voyons comment cette nouvelle fait hésiter entre ces deux interprétations.

■■■■■ « LA VÉNUS D'ILLE » : EXPLICATION NATURELLE

Le narrateur de *La Vénus d'Ille* se présente lui-même comme un rationaliste : il ne croit qu'aux faits qui peuvent être matériellement démontrés. C'est pourquoi il envisage d'abord les solutions classiques à l'énigme du meurtre d'Alphonse. L'assassin, d'après lui, est un homme qui s'est introduit en cachette dans la chambre nuptiale, et a attendu sa victime pour l'étouffer. Le narrateur soupçonne en premier lieu cet Espagnol à qui Alphonse, la veille, avait infligé une défaite humiliante au jeu de paume. N'avait-il pas murmuré entre ses dents, à l'adresse de son vainqueur : « Me lo pagaràs » (Tu me le paieras) ?

---

1. Cette définition du fantastique provient du livre de Tzvetan Todorov, *Introduction à la littérature fantastique* (voir bibliographie, p. 78). Il existe d'autres théories concurrentes sur la nature du fantastique, mais celle de Todorov est sans doute la plus importante.

Interrogé par le procureur du roi qui mène l'enquête, l'Espagnol reconnaît avoir prononcé ces paroles, mais il affirme qu'elles ne signifiaient rien d'autre qu'une revanche au jeu de paume. L'hôtelier chez qui il loge affirme qu'il a passé la nuit à l'auberge, lui fournissant ainsi un alibi. D'autre part, les empreintes de pas découvertes par le narrateur dans la cour, et qui pourraient être celles de l'assassin, ne correspondent pas à sa pointure.

Mais les soupçons du narrateur ne sont pas arbitraires : il existe bien des analogies troublantes entre cet Espagnol et la statue que la mariée prétend avoir vu tuer son mari. C'est en effet un « géant », « haut de six pieds » (p. 300-301). Or, le narrateur avait également estimé à six pieds la hauteur de la statue de Vénus (p. 289). Coïncidence ? En outre, l'Espagnol a une peau « olivâtre » dont la teinte est décrite comme étant « presque aussi foncée que le bronze de la Vénus » (p. 300). Ne serait-ce pas lui, donc, qui serait venu attendre Alphonse dans la chambre nuptiale, et l'aurait étouffé dans ses bras ? Il possède certainement la force nécessaire. La mariée, dans l'obscurité, l'aurait alors pris pour la Vénus, dont il partage la taille et la complexion. Il resterait bien sûr à expliquer son alibi, et les empreintes de pas différentes. Mais l'on peut imaginer des ruses sophistiquées qu'il aurait mises en œuvre pour déguiser son forfait.

« LA VÉNUS D'ILLE » : EXPLICATION SURNATURELLE

Si l'explication précédente ne convainc pas le lecteur, ce dernier peut faire appel au surnaturel. Dans ce cas, l'auteur du crime est tout trouvé : il s'agirait de la Vénus, et tout se serait passé exactement comme le décrit la mariée. Mais pourquoi cette statue, à supposer qu'elle puisse se mouvoir comme un être vivant, a-t-elle voulu assassiner Alphonse ? Même surnaturel, un meurtre doit avoir un motif.

En étudiant le folklore et les légendes, on peut constater que le surnaturel est contraire à l'expérience courante, mais pas forcément à la logique. Il possède une sorte de logique interne, qui lui est propre et qui fonctionne de manière assez prévisible.

Dans cette histoire, M. Alphonse a commis l'imprudence de passer au doigt de la statue sa bague de mariage. Ce faisant, il a, sans le savoir ni le vouloir, « épousé » la Vénus. Il s'en rend compte lui-même après coup et le confie au narrateur (p. 305). Son « mariage » avec la Vénus a précédé son autre mariage, avec Mlle de Puygarrig : ce mariage magique a donc la force de l'antériorité. La déesse, sans doute jalouse, estime qu'Alphonse lui fait une infidélité : elle vient donc la nuit dans la chambre de noces, à la fois pour réclamer son dû et punir le mari qui allait la tromper avec une simple mortelle. Elle serre Alphonse entre ses bras, ce qui pourrait être un geste d'amour mais devient une étreinte mortelle.

■■■■■ LE FANTASTIQUE

Mérimée évite soigneusement de dévoiler l'énigme de la mort d'Alphonse. Lorsque le narrateur quitte le domaine de la famille Peyrehorade, le mystère demeure complet. Cette hésitation et cette irrésolution sont typiques du genre fantastique. Deux lectures sont possibles.

La double interprétation, marque du fantastique

Il y a dans la nouvelle un petit détail qui fonctionne comme un symbole de cette « double lecture » qui est la marque du genre fantastique. Il s'agit de l'inscription latine gravée sur le socle de la statue, et que M. de Peyrehorade demande au narrateur de déchiffrer (p. 292). Cette inscription, CAVE AMANTEM, est assez ambiguë. Cave est la forme impérative d'un verbe qui signifie « prendre garde à », « se méfier de ». Amantem est une forme dérivée du verbe amare (aimer), et qui peut être aussi bien masculine que féminine. L'inscription peut donc se lire de deux manières différentes, comme l'explique le narrateur à son hôte : « Il y a deux sens ». On peut traduire : « Prends garde à celui qui t'aime, défie-toi des amants » (p. 292). Dans ce premier sens, l'inscription n'a qu'une portée tout a fait générale, et ne contient aucune menace directe. L'idée est qu'il faut se méfier de l'amour en général, et des personnes qui nous aiment. Mais le narrateur mentionne une deuxième interprétation possible : l'inscription s'adresse à quiconque regarde la statue de la déesse, et constitue un avertissement direct et précis : « Prends garde à elle [Vénus] si *elle* t'aime. »

Une « mise en abyme »

Cette double lecture que permet l'inscription latine peut être considérée comme une « mise en abyme » de tout le caractère fantastique de la nouvelle. « Mise en abyme » est une expression technique de la peinture, mais que l'on applique parfois à la littérature. Cette formule désigne la reproduction en miniature de l'œuvre totale dans un petit détail de celle-ci. Certains tableaux, par exemple, nous montrent une pièce remplie de personnages, de meubles, d'objets ; et sur le mur, au fond de cette pièce, se trouve un miroir, qui reflète tout l'ensemble de la scène. Le peintre a donc lui-même reproduit, dans un petit détail, en miniature, l'ensemble de son tableau : c'est un procédé de mise en abyme. Dans *La Vénus d'Ille*, le petit détail de cette inscription que l'on peut traduire de deux manières très différentes, fonctionne de la même façon. C'est un reflet en miniature de la « double lecture » inhérente au fantastique de toute l'histoire.

On peut voir un autre effet de « mise en abyme » du fantastique de toute l'histoire dans le petit épisode des deux jeunes apprentis, dont l'un jette une pierre à la statue (p. 289). Le narrateur est témoin de la scène ; il rit de bon cœur lorsque la pierre rebondit sur celui qui l'a lancée, et que ce dernier croit que la statue la lui a rejetée. Le lendemain, en examinant la statue avec son hôte, le narrateur découvre deux marques blanches laissées par la pierre sur le bronze de la statue. L'une de ces marques se trouve sur le sein, où la pierre a sans doute heurté la statue, et l'autre marque sur les doigts de celle-ci. À nouveau, double interprétation possible : soit la pierre a simplement ricoché sur la main de la Vénus avant de rebondir sur le jeune homme, soit la Vénus a bel et bien rejeté elle-même la pierre. Voici un autre effet de mise en abyme, encore plus précis, puisque dans ce petit épisode, nous avons une double lecture possible, rationnelle ou surnaturelle, comme dans l'ensemble de l'histoire.

Les indices surnaturels

Il est vrai, cependant, que Mérimée, tout en évitant de conclure, et en maintenant la possibilité d'une explication naturelle, parsème son texte de petits indices qui font imperceptiblement pencher la balance dans le sens de l'explication surnaturelle. Parmi ces détails, se trouve la bague de mariage sertie de diamants qu'Alphonse réservait à sa future épouse. Le narrateur retrouve cette bague dans la chambre, sur le lieu même du crime. Comment se trouve-t-elle là, alors qu'Alphonse, la veille, avait affirmé au narrateur qu'il n'avait pas pu la retirer du doigt de la Vénus ? Qui, hormis Alphonse, aurait apporté cette bague dans la chambre ? On est tenté de répondre : la Vénus, bien sûr, qui, une fois le meurtre accompli, aurait laissé cette bague comme une « signature » de son acte. Mais rien dans le texte n'impose vraiment cette interprétation ; c'est au lecteur de décider.

Enfin, on peut noter que l'auteur a doté la Vénus des caractéristiques traditionnelles du monde des ténèbres. L'expression de son visage est « infernale » (p. 291) ; elle quitte la chambre nuptiale, après avoir tué Alphonse (si c'est bien elle qui est l'auteur du meurtre), juste au moment où le coq chante. Ce dernier trait est traditionnellement attribué à tous les êtres surnaturels, fantômes, vampires, etc., qui ne peuvent se manifester que la nuit.

Pour terminer, le narrateur apprend que, depuis que la cloche réalisée avec le bronze fondu de la statue sonne à Ille, « les vignes ont gelé deux fois ». Façon de suggérer, sans l'affirmer catégoriquement, que le pouvoir maléfique de la Vénus continue d'agir, même à travers cette nouvelle forme.

▮▮▮▮ LE RÉALISME, UN INGRÉDIENT DU FANTASTIQUE

Contrairement au monde totalement « merveilleux » des fables et des mythes, le cadre du fantastique est le plus souvent le monde que nous reconnaissons comme « réel », celui de la vie de tous les jours. L'irruption de faits inexplicables y apparaît, par contraste, d'autant plus troublante.

Comme l'écrivait Mérimée lui-même en 1848, dans une lettre à un ami : « Lorsqu'on raconte quelque chose de surnaturel, on ne saurait trop multiplier les détails de réalité matérielle. » Voyons comment il applique ce principe dans *La Vénus d'Ille*.

Un réalisme géographique et historique

En 1834, trois ans avant de publier cette nouvelle, Mérimée avait fait un voyage dans le Roussillon, et c'est cette région que l'on retrouve comme cadre géographique du récit. Appliquant le principe romantique de la « couleur locale » (voir plus loin, p. 61), il insère plusieurs noms de lieux, comme Perpignan, le mont Canigou. Il évoque également des aspects typiques de la région, comme le vin de Collioure « presque aussi fort que de l'eau-de-vie », et l'arbre appelé micocoulier. Parallèlement à la géographie, Mérimée glisse quelques allusions à l'histoire contemporaine, comme la mention du « buste de Louis-Philippe » à la mairie. Louis-Philippe, rappelons-le, est le roi qui a régné en France de 1830 à 1848, donc pendant l'époque où cette histoire est censée se dérouler.

Identité entre l'auteur et le narrateur

Nous avons déjà vu, au chapitre précédent (voir p. 15), qu'il est facile de reconnaître Mérimée lui-même sous les traits du narrateur de cette histoire. Le « je » qui parle est bien l'inspecteur des Monuments historiques Prosper Mérimée, parcourant les régions de France pour recenser et restaurer les objets d'art du passé.

Mais c'est également Mérimée en tant qu'écrivain qui transparaît sous les traits du narrateur. Sceptique sur l'interprétation des inscriptions que ce dernier lui propose, M. de Peyrehorade s'exclame : « Ah ! qu'on voit bien que vous avez fait des romans ! » (p. 295). Pourquoi Mérimée se met-il lui-même en scène, d'une manière aussi voyante, dans cette nouvelle fantastique ? Précisément pour en accentuer le côté réaliste, donc en augmenter la crédibilité, et donner ainsi au lecteur, le frisson et l'agréable inquiétude du fantastique.

shivers

5 | Une lecture psychanalytique de La Vénus d'Ille

Plusieurs critiques ont tenté d'interpréter *La Vénus d'Ille* selon les grilles de lecture inspirées des théories freudiennes [1]. Nous allons présenter dans ce chapitre une synthèse de ces interprétations. Précisons toutefois que, bien souvent, les critiques littéraires qui s'inspirent de la psychanalyse pèchent par excès de dogmatisme. Il convient de manier ces grilles de lecture avec prudence : la psychanalyse est loin d'être une science exacte, et il existe, à l'intérieur de cette discipline, plusieurs courants assez divergents.

▬▬▬ LES BASES DE LA CRITIQUE PSYCHANALYTIQUE

Selon Freud, les rêves sont le domaine d'expression privilégié pour l'inconscient. C'est pourquoi leur étude est essentielle, et le fondateur de la psychanalyse y consacre un livre entier, intitulé *L'Interprétation des rêves*. Freud considérait que l'on pouvait appliquer aux œuvres d'art et aux textes littéraires la même méthode d'analyse qu'il appliquait aux rêves.

Freud reconnaissait, cependant, que dans le cas de l'art et de la littérature, plusieurs facteurs entrent en jeu, qui sont absents du mécanisme des rêves. Ces facteurs sont d'ordre conventionnel et rationnel : les peintres, comme les écrivains, doivent se soucier de certains codes esthétiques propres à leur époque.

---

1. C'est le cas notamment de Jean Bellemin-Noël et de Jacques Chabot, dont les études sont citées dans la bibliographie, p. 78.

LA FICTION LITTÉRAIRE ET L'INCONSCIENT

L'auteur d'une œuvre de fiction nous livre *malgré lui*, à travers sa création littéraire, les secrets de son inconscient. Pour déchiffrer ce sens souterrain, subconscient, de l'œuvre, il faut appliquer certaines clés interprétatives, qui fonctionnent sur la base d'une théorie globale du psychisme, que Freud a détaillée à travers toute son œuvre.

Résumons à grands traits cette théorie, qui est assez connue [1]. Selon Freud, le « moi » conscient d'un individu n'est que la partie visible d'un iceberg. La base du psychisme se situe dans l'Inconscient, le « Ça », qui est le réservoir des principales pulsions « animales », l'instinct d'auto-défense, et le désir sexuel, que Freud appelle la « libido ».

La nature « sauvage » de l'Inconscient est telle, selon la psychanalyse, que ses pulsions sont inacceptables dans le code moral de nos sociétés. C'est pourquoi le « moi » conscient est protégé de ces pulsions par une sorte de « filtre » ou de « censeur » que Freud appelle le « Sur-Moi ». Le « Sur-Moi » filtre l'Inconscient, refoule ses pulsions « immorales ». Mais pendant le sommeil, sa vigilance se relâche, et les pulsions de l'Inconscient en profitent pour se manifester. Comme elles ne peuvent jamais s'avouer tout à fait franchement, elles s'expriment dans le rêve à travers un jeu complexe de symboles et d'allusions. Dans une moindre mesure, pour les raisons mentionnées plus haut, la fiction littéraire peut également constituer un champ d'expression pour l'Inconscient.

LES THÈMES FREUDIENS DANS « LA VÉNUS D'ILLE »

La nouvelle de Mérimée contient deux ingrédients qui sont toujours plus ou moins connectés avec le freudisme : la violence et la sexualité.

---

1. Voir l'analyse de l'*Introduction à la psychanalyse*, dans la collection « Profil Philosophie », n° 720.

La violence est évidemment au cœur de l'intrigue, puisque Alphonse est assassiné. Même si un doute subsiste sur l'identité du meurtrier, il est certain, en tout cas, que sa mort survient dans des circonstances assez horribles.

Quant à la sexualité, elle est omniprésente, bien que d'une façon indirecte et voilée. En premier lieu, il convient de remarquer que le meurtre d'Alphonse a lieu pendant sa nuit de noces. Dans une société où la moralité est très rigide, comme c'était le cas pour la société provinciale du XIXᵉ siècle, la nuit de noces est l'un des rares moments, dans la vie, où la sexualité puisse se donner libre cours sans encourir le moindre blâme. Alphonse, il est vrai, est assassiné avant de pouvoir consommer son mariage. Enfin, la libido est omniprésente dans la nouvelle à travers le personnage de la Vénus elle-même. Vénus était la déesse de l'amour, et sa connexion avec la sexualité était si claire qu'elle était la « sainte patronne » des prostituées dans l'Antiquité grecque.

■■■■ LA PEUR DE LA CASTRATION

Mais ces deux éléments, la violence et le sexe, ne suffisent pas à justifier une interprétation freudienne de ce texte. Il s'y trouve des détails plus précis, que les critiques psychanalytiques ont exploités. L'une des idées importantes de la psychanalyse est que tout homme est affecté d'un « fantasme de castration ». Le petit garçon, d'après Freud, désire sexuellement sa mère, et jalouse son père, en qui il voit un rival. Il rêve de castrer son père, pour lui ôter tout pouvoir de posséder sa mère. Dans la suite du développement de sa personnalité, l'individu masculin éprouve inconsciemment la peur de subir lui-même cette castration.

Les critiques freudiens de *La Vénus d'Ille* voient dans ce texte plusieurs allusions à un fantasme de castration. Citons la principale : à peine déterrée, on s'en souvient, elle tombe sur l'ouvrier Jean Coll et lui casse la jambe : certains critiques ne manquent pas d'y voir une allusion à la castration. La jambe symboliserait un autre membre, « mutilé » par cette mégère.

Enfin, on peut trouver un argument en faveur de cette thèse dans l'histoire de la naissance de Vénus, telle que la mythologie grecque la retrace. La déesse est née de « l'écume de la mer » : plusieurs peintres ont représenté cette scène : on pense notamment à « La Naissance de Vénus », de Botticelli, l'un des chefs-d'œuvre de la Renaissance italienne. Mais, dans la mythologie, cette « écume » était en fait le sperme d'Ouranos, dieu du ciel. Celui-ci venait d'être castré d'un coup d'épée par son fils Chronos, et ses parties génitales étaient tombées dans la mer, laissant échapper le liquide blanc et mousseux dont est née la belle Aphrodite (nom grec de Vénus). Quel meilleur symbole du fantasme de castration que cette déesse, qui est elle-même, selon la légende, un produit de cet acte ?

Comme tous les gens cultivés de son époque, Mérimée possédait une excellente connaissance de la culture et de la mythologie grecques. Il ne fait aucun doute qu'il connaissait parfaitement tous les traits que la mythologie attribuait à Vénus, et il ne pouvait ignorer les circonstances précédant sa naissance. Du reste, la nouvelle contient une autre allusion à peine voilée à la vie de Vénus. À propos de l'ouvrier Jean Coll, à qui la statue, en tombant, avait brisé la jambe, il est dit qu'il restera boiteux sa vie durant. Or, l'époux de Vénus dans la mythologie, Vulcain, est lui aussi boiteux. Cette autre allusion démontre que Mérimée connaissait bien la vie de Vénus dans la mythologie.

Le « retour du refoulé »

Le sens « freudien » général de cette nouvelle serait le suivant, d'après les différentes interprétations qui en ont été proposées. Dans la théorie psychanalytique, les pulsions « censurées » par le Sur-Moi sont repoussées dans l'Inconscient. C'est ce que l'on appelle le *refoulement*. Mais ce qui est inconscient, selon Freud, tend naturellement à devenir conscient, à remonter vers la surface pour émerger dans le champ du Moi conscient. Cette tendance est analogue à la loi physique qui amène un corps plus léger que l'eau à remonter à la surface. C'est pourquoi le refoulement ne peut supprimer la pulsion inconsciente qui cherche à se manifester. Celle-ci aura tendance à réémerger dans la conscience, mais avec d'autant plus de force qu'elle aura été violemment refoulée. Freud parle d'un « retour violent du refoulé ».

La terre, symbole de l'inconscient

Le scénario que nous voyons dans *La Vénus d'Ille* pourrait symboliser ce « retour violent du refoulé ». Vénus représenterait la puissance du désir sexuel, refoulé dans la société puritaine du XIXᵉ siècle. Ce « refoulement » est symbolisé par le fait que la statue est enterrée. La profondeur de la terre, pour beaucoup de critiques, est une image de l'Inconscient, cette région obscure et « souterraine » du psychisme. La statue de Vénus, enterrée puis exhumée, serait donc la métaphore des pulsions sexuelles, enfouies dans l'Inconscient, qui remontent en dépit du refoulement, pour « refaire surface » dans la conscience.

On peut signaler aussi le fait que la statue est déterrée au pied d'un arbre. Or, l'arbre est comme la terre un symbole majeur de l'inconscient, d'après C. G. Jung, un disciple dissident de Freud [1]. L'arbre évoque l'inconscient par ses racines, qui plongent dans la profondeur de la terre ; c'est aussi, bien entendu, un symbole phallique.

Le désir transmué en violence

Mais le refoulement a des conséquences fâcheuses : ces pulsions refoulées, lorsqu'elles refont surface, ne peuvent qu'être violentes et destructrices. C'est pourquoi Vénus, dans notre texte, est noire et maléfique. Le désir sexuel, après avoir été contrarié, se transmue en son contraire : une force non pas de vie, mais de mort. Vénus sème autour d'elle, non pas l'amour et la vie, mais la stérilité, la violence et la mort. *Éros* (l'amour) s'est transmué en *Thanatos* (la mort), selon deux termes utilisés par Freud lui-même.

Il est significatif, à cet égard, que les deux ouvriers qui déterrent par hasard la statue, croient d'abord avoir trouvé

---

1. Carl Gustav Jung (1875-1961) fut d'abord un disciple de Freud. Mais il contesta par la suite plusieurs idées du maître. Il critiqua notamment la conception « individuelle » de l'inconscient chez Freud. Pour Jung, il existe un « inconscient collectif » de l'humanité, lequel est peuplé de représentations qu'il appelle « archétypes ». Ces archétypes se retrouveraient dans les religions, les mythes et les œuvres d'imagination.

un cadavre : c'est leur réaction, en effet, en voyant émerger de la terre la main noire de la statue, qu'ils prennent d'abord pour une main de mort (p. 282). Vénus, censée représenter l'amour *(Eros)*, possède les apparences contraires de la mort *(Thanatos)*.

■■■■■■ UNE INTERPRÉTATION PSYCHOCRITIQUE ?

Une question que l'on peut se poser, en prenant connaissance de ces interprétations freudiennes de *La Vénus d'Ille*, est la suivante : faut-il établir un rapport entre le refoulement que cette nouvelle pourrait exprimer et la vie personnelle de Mérimée ?

C'est là, sans doute, qu'apparaît l'une des faiblesses de la « psychocritique », ou interprétation psychanalytique de la littérature. Même si nous pouvons supposer qu'un auteur met toujours un peu de lui-même dans son œuvre, il est dangereux de vouloir expliquer l'œuvre par la vie. D'une part, un écrivain peut avoir, quand il écrit, une personnalité différente de celle qu'il manifeste dans la société. C'est vrai de beaucoup d'artistes : on sait que la personnalité de Mozart, dans la vie quotidienne, était beaucoup moins sublime que sa musique.

D'autre part, il est toujours difficile de bien connaître la vie personnelle d'un auteur, surtout d'un auteur qui est mort il y a plus d'un siècle. Certains critiques freudiens ont tendance à oublier cette évidence, et traitent l'auteur comme un patient qu'ils connaîtraient intimement, et qui viendrait leur conter, allongé sur un divan, comme c'est la coutume dans le cabinet d'un psychanalyste, ses déboires amoureux et ses traumatismes infantiles.

Quel que soit l'intérêt intellectuel de ces interprétations, il convient donc des les utiliser avec la plus grande prudence.

Chapitre 1 : Arrivée du colonel Nevil et de sa fille à Marseille[2]

Le colonel Sir Thomas Nevil, Irlandais, officier de l'armée anglaise, revient d'un voyage en Italie en compagnie de sa fille Miss Lydia, et descend dans un hôtel à Marseille. Ils sont tous deux fort déçus de leur voyage. À Marseille, ils rencontrent un ancien adjudant du colonel, qui leur raconte des histoires surprenantes sur la Corse, en particulier une histoire de vendetta[3]. Le colonel et sa fille, attirés par l'aspect étrange du pays, décident d'y passer quinze jours, et affrètent un bateau pour le voyage en mer.

Chapitre 2 : Voyage en mer et rencontre d'Orso

Le jour du départ, le capitaine du bateau demande au colonel la permission de prendre à son bord un de ses parents éloignés, officier dans l'infanterie. Les Britanniques acceptent cette requête, après quelques hésitations.

Sur le bateau, la conversation s'engage avec le jeune Corse, dont les manières un peu franches et étranges ne plaisent guère à Miss Lydia. Celui-ci se présente sous le nom de Orso della Rebbia, lieutenant mis en demi-solde après avoir participé à la bataille de Waterloo. Il apprend que le colonel s'est battu contre son père, qui était officier en Espagne pendant les guerres napoléoniennes. Le lieutenant l'informe que son père est mort en Corse il y a deux ans.

---

1. Voir, p. 46, la liste des personnages de la nouvelle.
2. Les titres des chapitres ne sont pas de Mérimée. Nous les ajoutons ici pour faciliter la compréhension de l'intrigue.
3. Mot corse qui signifie « vengeance ». La *vendetta* est présentée dans cette nouvelle comme une véritable guerre entre deux familles, qui peut s'étendre sur des générations, et dont l'origine est une offense que l'on venge en tuant un membre de la famille qui l'a commise, ce qui entraîne une contre-vengeance, et ainsi de suite.

Chapitre 3 : La complainte du matelot corse

Miss Lydia monte sur le pont pendant la nuit, et entend une complainte chantée par un matelot en patois corse, qui raconte l'histoire d'un homme assassiné dans son pays, et la vengeance que le fils doit accomplir pour le repos de l'âme de son père. Le matelot cesse de chanter dès qu'Orso apparaît.

Plus tard, la femme de chambre de Miss Lydia, après avoir interrogé le matelot, lui dévoile l'énigme : la complainte s'adressait à Orso qui doit venger son père assassiné deux ans plus tôt. Miss Lydia éprouve alors davantage d'estime pour le jeune Corse, qui dissimule sous une certaine légèreté une âme de héros. Les voyageurs arrivent enfin à Ajaccio.

Chapitre 4 : Visite du préfet à Ajaccio et mise en garde

À Ajaccio, le colonel et Miss Lydia reçoivent la visite du préfet. Celui-ci, embarrassé par la présence d'Orso, fait allusion à certaines coutumes corses, et engage le jeune homme à ne pas s'y soumettre. Il songe notamment à la coutume de la vendetta, ou vengeance familiale. Après le départ du préfet, Miss Lydia donne son opinion à Orso : il ne doit pas accomplir cette vengeance. Orso semble y renoncer, malgré un certain instinct du pays qui se réveille en lui.

Chapitres 5-6 : Arrivée de Colomba

Le lendemain, Miss Lydia aperçoit une belle jeune femme, habillée de noir, qui s'arrête devant leur hôtel. Lorsque Orso et le colonel rentrent de la chasse, la jeune femme s'approche et se fait connaître : c'est Colomba, la sœur qu'Orso avait quittée alors qu'elle n'était qu'une enfant.

Invitée à dîner et à passer la nuit, Colomba excite la curiosité de Miss Lydia par ses manières étranges. Le soir, dans la chambre qu'elles partagent, Miss Lydia ne manque pas de remarquer le stylet, petit poignard décoré que Colomba cache sous ses vêtements.

Puis l'auteur nous retrace, rétrospectivement, l'histoire de la famille della Rebbia et de ses hostilités avec la famille Barricini. En 1809, un parent de Ghilfuccio della Rebbia, père d'Orso, fut nommé maire de Pietranera, village natal des deux familles, alors que ce poste était convoité par le père Barricini. Accusé de rester fidèle à Napoléon après la chute de celui-ci, en 1815, ce parent fut remplacé par le père Barricini. Ce dernier, en sa nouvelle qualité de maire, se mit à persécuter son ennemi Ghilfuccio della Rebbia. Il lui fit notamment un procès pour la propriété d'un cours d'eau. Barricini allait perdre le procès, lorsqu'il reçut une lettre le menaçant de mort, écrite par un certain Agostini, célèbre bandit corse. Barricini voulut utiliser la lettre contre son ennemi lorsque Agostini déclara qu'il ne l'avait jamais écrite ni signée, et qu'il tuerait le faussaire : ainsi les Barricini et les della Rebbia s'accusaient réciproquement de contrefaçon.

C'est alors que Ghilfuccio della Rebbia est assassiné et qu'il inscrit le nom de l'assassin sur son carnet. Le carnet tombe entre les mains de Barricini, qui le présente lors du procès-verbal. On peut y lire les lettres AGOSTI..., signifiant qu'A-gostini avait été l'assassin, accomplissant ainsi sa menace.

Colomba refuse aussitôt cette interprétation ; elle remarque qu'il manque des feuillets dans le carnet, et conclut que l'assassin ne peut être que Barricini. En l'absence de preuves, ce dernier n'est pas inquiété, mais Colomba ne cesse d'écrire à son frère pendant deux ans et lui demande de venger leur père. Ce dernier, peu convaincu de la culpabilité de Barricini, décide de rentrer pour marier sa sœur et vendre ses propriétés.

Chapitres 7-8 : Adieux d'Orso à Miss Lydia et départ pour Pietranera

Orso décide de retourner à Pietranera. (Cf. sur la carte, p. 43, le trajet probable qu'il effectue avec Colomba pour se rendre d'Ajaccio au site supposé de Pietranera). Orso craint la confrontation avec sa sœur, et en fait part à Miss Lydia. Celle-ci se moque un peu de lui. Elle lui offre cependant une bague trouvée dans une pyramide d'Égypte, et lui dit de l'utiliser comme un talisman, pour ne pas céder à la tentation de se venger.

Le matin du départ, Miss Lydia descend pour prendre congé d'Orso. Colomba lui offre son stylet. Miss Lydia l'accepte après quelque hésitation puis les regarde s'éloigner dans la montagne. Le soir, elle se dit intérieurement que M. della Rebbia ne sera jamais rien pour elle.

Chapitre 9 : Arrivée d'Orso à Pietranera

Pendant la chevauchée, Colomba conseille à Orso de demander la main de Miss Lydia. En chemin, ils passent la nuit chez un ami de leur famille. Le lendemain, Orso et Colomba sont accueillis par leurs bergers. Colomba avait pris cette précaution pour la sécurité d'Orso. Celui-ci est embarrassé et préférerait arriver discrètement. Il finit par les congédier, et passe devant la maison des Barricini où tout est barricadé. Ceci est interprété comme une provocation, et tout le monde, à Pietranera, est persuadé que le sang va couler.

Chapitres 10-11 : Colomba dévoile ses projets à Orso

Orso songe avec inquiétude à la visite que Miss Lydia a promis de lui rendre : que pensera-t-elle de la pauvreté des lieux ? Dans la soirée, une petite fille frappe à la porte. C'est Chilina, la nièce d'un bandit à qui Colomba donne du pain et de la poudre, malgré l'opposition d'Orso.

Le lendemain, Orso donne à sa sœur les cadeaux qu'il a rapportés pour elle du continent. Colomba, à son tour, lui fait cadeau d'un costume corse pour la chasse, et lui prépare des cartouches pour le fusil que le colonel lui a offert. Orso désire que sa sœur s'instruise, ce qu'elle fait avec plaisir. Mais, un matin, elle demande à Orso de la suivre à quelque distance du village, et lui montre l'endroit où leur père a été assassiné. De retour à la maison, elle lui présente la chemise ensanglantée de leur père, et les deux balles qui l'ont tué, et supplie Orso de le venger.

Celui-ci, terrifié, va prendre l'air dans la campagne. Pris entre son âme de Corse et l'éducation qu'il a reçue sur le continent, il se décide pour une solution intermédiaire : au lieu d'assassiner Barricini, il provoquera en duel son fils, et aura ainsi l'occasion de le tuer.

Tout en songeant, il rencontre de nouveau la nièce du bandit Brandolaccio. Peu après, arrive Brandolaccio lui-même, accompagné d'un autre bandit. Brandolaccio reconnaît aussitôt Orso, son ancien compagnon de Waterloo. Les deux bandits racontent leur vie. Ayant tous deux des assassinats sur la conscience, ils vivent dans le maquis, et les Corses de la montagne leur font la charité. Ils mettent en garde Orso contre les Barricini.

Chapitre 12 : Rencontre d'Orso et des Barricini

Colomba demande à son frère de l'accompagner à la maison de Charles-Baptiste Pietri. Celui-ci vient de mourir et elle a promis de chanter une *ballata* (complainte en vers chantée dans le dialecte du pays) pendant la veillée funèbre. Orso finit par se laisser convaincre. La veillée se déroule dans une ambiance grave et solennelle, où le chant sublime de Colomba favorise les émotions. Mais tout est troublé par l'arrivée des Barricini, le père, maire du village, et les deux fils, accompagnés du préfet en visite. Colomba ne peut s'empêcher de faire allusion à leur présence dans sa *ballata*, et les Barricini préfèrent s'en aller.

Chapitre 13 : Visite du préfet chez les della Rebbia

Tard dans la soirée, le préfet, qui loge chez les Barricini, se présente chez Orso : Miss Lydia lui a remis une lettre pour ce dernier, et il demande à Orso de venir la chercher chez les Barricini. En même temps, il lui fait part de son désir de le voir réconcilié avec le maire.

Aussitôt, Orso fait remarquer que si Barricini n'a pas tué son père, il a toutefois contrefait une lettre sous le nom d'Agostini, et que ce dernier s'est vengé sur le colonel della Rebbia. Le préfet annonce à Orso que l'auteur de la lettre

a été trouvé : il s'agit de Tomaso Bianchi, homme peu recom-
mandable.

Orso se laisse convaincre par l'explication du préfet, mais
Colomba soupçonne toujours les Barricini et supplie Orso de
ne pas se rendre chez eux avant qu'elle ait pu consulter à
nouveau les papiers de son père. Celui-ci lui accorde un délai
jusqu'au lendemain matin.

Chapitres 14-15 :
Lettre de Miss Lydia
à Orso et confrontation
avec les Barricini

Le préfet fait parvenir la lettre de Miss Lydia à Orso. Miss
Lydia y supplie Orso de suivre les conseils du préfet et lui
annonce sa visite imminente.

Le lendemain matin, grâce à une ruse de Colomba, qui
déclare que son frère ne peut marcher, le préfet et les Barricini décident de se rendre eux-mêmes chez les della Rebbia,
à la grande stupéfaction du village. Quand Orso se présente
bien-portant, les deux fils Barricini ne cachent pas leur
mécontentement, et Orso doit se confondre en excuses. Le
préfet déclare aux Barricini que le malentendu entre les deux
familles a été éclairci.

C'est alors que Colomba s'interpose et proclame que la
lettre de Tomaso Bianchi a été obtenue frauduleusement par
Orlanduccio, l'un des fils Barricini. Elle peut le prouver, dit-
elle, par les papiers de son père et le témoignage des deux
bandits, Brandolaccio et son compagnon Castriconi. Les deux
hommes que Colomba avait fait venir, entrent pour confirmer
leur témoignage.

La situation devient dramatique. Le préfet est outré de se
trouver en présence de deux bandits ; les fils Barricini devien-
nent agressifs. Orlanduccio se jette sur Orso, qui est sauvé
par sa sœur. Les Barricini quittent les lieux, et le préfet, après
un long silence, supplie Orso de ne pas se venger et d'attendre l'arrivée du procureur chargé de démêler cette affaire.

Après le départ du préfet, Orso, bien décidé à se battre
cette fois-ci, envoie une lettre à Orlanduccio pour le provoquer en duel. Mais le père Barricini fait répondre à Orso que
sa lettre de menaces sera présentée au procureur. Quant à

Colomba, elle fait venir des bergers et organise la défense de la maison.

Chapitre 16 : Colomba fend l'oreille du cheval et en accuse les Barricini

Le lendemain, Colomba reçoit une lettre de Miss Lydia lui annonçant sa visite. Orso décide d'aller à sa rencontre le lendemain, afin de lui expliquer l'état de siège qui règne à Pietranera.

Colomba, toujours décidée à donner l'assaut à la maison des Barricini, profite de la nuit pour aller fendre l'oreille du cheval noir qu'Orso doit monter. Le jour suivant, lorsque Orso et son berger aperçoivent la blessure, ils sont outrés. Colomba en accuse aussitôt les Barricini.

Les bergers sont déterminés à attaquer leur maison ; mais Orso, voulant laisser la justice du préfet suivre son cours malgré tout, interdit toute violence pendant son absence. Sa sœur insiste pour lui donner une escorte de bergers, qui ne peuvent s'empêcher de tuer un des cochons des Barricini. Orso, furieux, les congédie et poursuit sa route en solitaire.

Chapitre 17 : Orso tue les deux fils Barricini

Cheminant seul, Orso rêve de sa rencontre avec Miss Lydia. Ses tendres pensées sont brusquement interrompues par Chilina, la nièce de Brandolaccio, qui lui dit avoir vu un des fils Barricini dans les parages. Orso hésite, puis avance prudemment dans le maquis. Tout à coup, il aperçoit Orlanduccio qui lui tire dessus et l'atteint au bras. Un second tireur lui envoie une balle qui heureusement glisse sur son stylet. Orso riposte de deux coups de fusil contre les deux tireurs, qui disparaissent derrière leur petit mur.

Blessé, et ne sachant pas s'il a atteint ses ennemis, Orso reste immobile. Puis il aperçoit le chien de Brandolaccio et appelle le bandit à l'aide. Ce dernier constate la mort des deux tireurs, qui n'étaient autres que les deux fils Barricini, qu'Orso a tués du premier coup, tout en étant blessé lui-même.

Brandolaccio le félicite, mais Orso est horrifié et pâle. Quand Brandolaccio lui explique qu'il a le choix entre le maquis et la prison, Orso réalise douloureusement la fin de son rêve. Tandis qu'ils cheminent, Brandolaccio fait une oraison funèbre des Barricini.

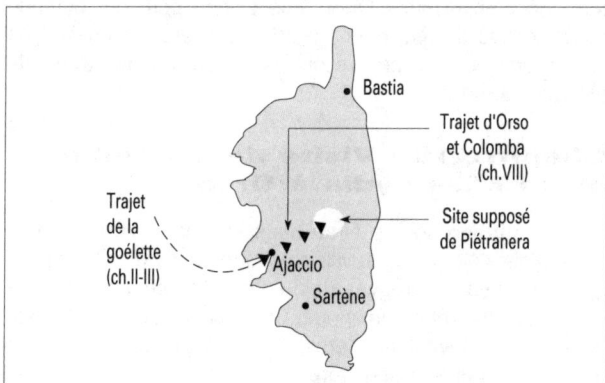

Chapitre 18 : Le colonel et Miss Lydia arrivent à Pietranera

À l'arrivée du colonel et de sa fille, Colomba est très inquiète de ne pas voir Orso. Elle envoie des messagers et s'efforce de faire bonne figure devant ses invités, qu'elle met au courant de la situation. Ces derniers ont entendu quatre coups de fusil en se dirigeant vers Pietranera. Chilina arrive sur le cheval d'Orso et annonce à Colomba la mort des fils Barricini et la blessure d'Orso.

Aussitôt, Colomba se ranime, heureuse du triomphe de son frère, tout en étant soucieuse pour sa blessure. Chilina annonce à Miss Lydia qu'Orso désire lui écrire. Cette dernière, très émue, aide Colomba à préparer des pansements pour le blessé. Pendant ce temps, les corps des Barricini sont ramenés au village, au milieu des vociférations des femmes corses. Quelques bergers attachés aux della Rebbia les provoquent, et la bataille est évitée de justesse grâce à Colomba, qui sort et impressionne tout le monde par sa harangue. Fière de ce que son frère a accompli, elle ne veut plus de violence.

Le lendemain matin, Miss Lydia reçoit une lettre d'Orso, qui lui demande de lui garder son estime. Le préfet arrive pour instruire l'affaire, qui se présente mal pour Orso : en effet, celui-ci avait envoyé une lettre à Orlanduccio Barricini pour le provoquer en duel. Mais Miss Lydia s'empresse de témoigner en faveur d'Orso : elle et son père ont entendu quatre coups de feu, dont les deux derniers provenaient du fusil d'Orso, ce qui prouve qu'Orso a été attaqué avant de tirer lui-même.

Chapitre 19 : Visite de Colomba et de Miss Lydia à Orso

Un chirurgien soigne Orso dans le maquis. Colomba et Miss Lydia s'éloignent du village, tout en parlant d'Orso, pour qui Miss Lydia éprouve maintenant des sentiments fort tendres. A la tombée de la nuit, Colomba avoue à Miss Lydia qu'elles se trouvent tout près du lieu de refuge d'Orso, et qu'elle aimerait voir son frère.

Miss Lydia se laisse convaincre malgré son souci des convenances, et elles se rendent dans le maquis auprès du blessé. Celui-ci, qui d'abord ne voit pas la jeune Anglaise, confie à sa sœur qu'il aime Miss Lydia. Celle-ci s'approche alors du blessé et le réconforte en l'assurant de son estime et de son amour.

Tout à coup, Colomba, qui faisait le guet avec Brandolaccio, revient et les prévient de l'arrivée des gendarmes. Orso, qui ne peut marcher, veut se rendre, mais Brandolaccio le saisit et l'emporte sur ses épaules.

Miss Lydia, qui ne peut les suivre dans le maquis, se fait prendre par les gendarmes, tandis que Brandolaccio trouve un cheval et s'enfuit avec Orso. Colomba revient sur ses pas et trouve Miss Lydia en état d'arrestation. Colomba rabroue un peu les gendarmes et rassure sa compagne.

De retour à Pietranera, le préfet fait libérer les deux femmes et annonce à Colomba que son frère ne sera pas poursuivi. Le colonel, heureux de revoir sa fille, lui demande si elle désire épouser Orso. Sur la réponse affirmative de celle-ci, ils s'embrassent tous les deux.

Chapitre 20 : Adieux d'Orso aux bandits

Quelques mois plus tard, à Bastia, Orso et sa sœur se rendent dans la montagne pour y rencontrer Brandolaccio et Castriconi. Orso leur propose de se rendre en Sardaigne, où ils auraient une vie plus tranquille. Ces derniers refusent. Orso leur donne à chacun un souvenir : il laisse à Brandolaccio son fusil, qui lui venait du colonel, et promet à Castriconi de lui envoyer une édition du poète latin Horace. Puis ils se disent adieu.

Chapitre 21 : Rencontre entre Colomba et le père Barricini en Italie

Orso et Lydia, récemment mariés, se promènent dans les ruines antiques de Pise, en Italie. Colomba et le colonel, qui les accompagnent, décident de se rendre dans une ferme voisine pour y déguster des produits frais. Colomba, méconnaissable tant elle est élégante, badine avec le colonel. Dans une allée, elle aperçoit un vieillard pâle et maigre. La fermière lui demande de lui parler un peu en corse, car, lui dit-elle, ce vieillard n'a plus pour très longtemps à vivre, et il serait heureux d'entendre la langue de son pays.

Lorsque Colomba s'approche, elle reconnaît le vieillard, qui n'est autre que le père Barricini. Celui-ci, après la mort de ses deux fils, a sombré dans la sénilité, et, ne pouvant se suffire à lui-même, a été recueilli par une cousine italienne. Il demande grâce à Colomba. Il avoue à demi-mot qu'il avait brûlé le feuillet du carnet où son nom était inscrit. Sur un ton pitoyable, il dit à Colomba qu'elle aurait pu lui laisser au moins un de ses fils. Mais Colomba, implacable, rétorque qu'il lui fallait une vengeance complète ; puis elle quitte la maison.

Voyant Colomba s'en aller avec le colonel, la fermière, impressionnée par l'air terrible de la jeune femme, dit à sa fille que Colomba a probablement « le mauvais œil », voulant dire par là qu'elle la soupçonne d'être quelque peu sorcière.

7 Les personnages de Colomba

Mentionnons seulement les personnages qui jouent un rôle important dans la nouvelle. Nous laisserons de côté les personnages mineurs, tels que les marins corses des trois premiers chapitres, ainsi que le père d'Orso et de Colomba. Ce dernier, en effet, est mort au moment où commence l'histoire.

Avant de voir ces personnages un par un, rappelons brièvement qui ils sont et quel rôle ils jouent dans la nouvelle.

Les deux protagonistes sont, comme on l'a vu, Colomba et son frère Orso, les enfants du colonel Ghilfuccio della Rebbia. Leur famille est l'ennemie mortelle d'une autre famille corse, les Barricini, qui habite également le village de Pietranera. Les femmes de cette famille ne jouent aucun rôle significatif dans l'histoire.

Nous voyons apparaître le père Barricini, avocat et maire du village, ainsi que ses deux fils, Orlanduccio et Vincentello. Voici pour les deux familles ennemies.

Les autres personnages peuvent se diviser en deux catégories : les Corses et les non-Corses.

Parmi les Corses, il faut bien sûr citer les deux « bandits », Brandolaccio et son acolyte Castriconi, surnommé « le Curé », car il a fait des études de séminariste et connaît le latin. Brandolaccio a une nièce nommée Chilina.

Parmi les non-Corses, les deux personnages les plus importants sont deux touristes britanniques, le colonel Sir Thomas Nevil, et sa fille Miss Lydia, qu'Orso épouse à la fin de la nouvelle.

Enfin, la France « continentale » est représentée par un préfet, qui s'efforce au départ de calmer les hostilités entre les deux familles ennemies, mais devient l'allié d'Orso dès qu'il comprend que les Barricini sont bel et bien coupables du meurtre du colonel della Rebbia.

■■■■ COLOMBA

Il convient de commencer par l'héroïne dont le nom constitue le titre même de la nouvelle. Avec Carmen, une autre
héroïne de Mérimée, elle est l'un des personnages féminins
les plus saisissants de la littérature française. On pourrait
déceler une ironie dans son nom, qui évoque la colombe,
oiseau symbolisant la douceur et la paix. En effet, elle est
tout le contraire : elle incarne la vengeance dans toute sa
fureur. Mais ce nom de Colomba n'est pas une invention de
Mérimée. Il a existé une vraie Colomba, et notre auteur l'a
rencontrée, alors qu'elle était assez âgée, durant le voyage
qu'il effectua en Corse en 1839 (voir ci-dessus, p. 9).

Elle ne vit que pour la vengeance et l'honneur familial : ni
l'amour ni le mariage ne semblent beaucoup l'intéresser.
Même à la fin de la nouvelle, alors que sa vengeance a été
accomplie, et que le colonel Nevil lui demande si elle songe
au mariage, elle écarte cette idée avec une sorte de dédain
(p. 474). Le destin de Colomba est-il de rester vierge, comme
une sorte de religieuse, ou de prêtresse du culte familial ?
Quoi qu'il en soit, Mérimée la décrit comme « virginale »
(p. 348).

Le mauvais génie d'Orso

Dès qu'elle retrouve son frère, dont elle a été séparée de
nombreuses années, elle s'efforce de vaincre les scrupules
de celui-ci, et de l'amener à accomplir la vengeance qu'elle
prépare. De fait, lorsque Orso, accompagné de sa sœur,
prend congé du colonel Nevil et de sa fille, cette dernière
craint l'influence de Colomba sur son frère et voit dans la
jeune Corse le « mauvais génie » d'Orso, entraînant ce dernier
« à sa perte » (p. 367). Par contraste, Miss Nevil est « l'ange
gardien » d'Orso (voir p. 362).

Une « sorcière » ?

Mérimée pousse très loin ce côté étrange et démesuré du
caractère de Colomba. On peut le voir lors de la scène de
veillée funèbre, au chapitre 12.

Respectant la tradition, Colomba se rend chez la famille en deuil, et improvise la *ballata* au chevet du mort. Elle est authentiquement inspirée, à tel point que l'auteur la compare à « la Pythonisse sur son trépied » (voir p. 398). Dans l'Antiquité, la Pythonisse était la prêtresse du dieu Apollon, que l'on allait consulter pour recevoir des oracles, c'est-à-dire des conseils ou des révélations de la divinité. Assise sur un trépied, la prêtresse entrait en transe. On la supposait littéralement « possédée » par le dieu, qui parlait par sa bouche. Lorsque Colomba dit à son frère : « Tu le vengeras [notre père] ! » (p. 385), ses paroles résonnent longtemps dans l'esprit d'Orso comme « un oracle fatal, inévitable » (p. 386). Enfin, lorsqu'elle apparaît devant les habitants de Pietranera qui attaquent sa maison, elle leur inspire autant de crainte qu'une « fée malfaisante » (p. 446).

Une « sauvagesse »

Colomba incarne l'esprit de la Corse, qui est présentée comme une île « étrange » et « sauvage » (p. 317). La Corse, avec ses habitants aux mœurs « primitives » (p. 317), est mise en contraste avec les pays « civilisés », tels que la France et l'Italie, où Orso a passé la majeure partie de sa vie. Ce dernier a honte, « devant ses amis civilisés, du costume et des manières sauvages de Colomba » (p. 359). Il essaye de la « civiliser », en l'incitant à lire, et en lui offrant des vêtements confectionnés en France (p. 382).

Colomba ne s'y oppose pas, mais fait comprendre à son frère que la vengeance familiale passe avant son éducation. Ce n'est qu'après la mort des fils Barricini qu'elle se transforme. Comme elle le dit sur un ton léger au colonel Nevil : « Je mets des chapeaux, des robes à la mode ; j'ai des bijoux [...] je ne suis plus du tout une sauvagesse » (pp. 473-474). Mais si son apparence s'est adoucie, son tempérament n'a guère changé. On le voit dans la scène finale, où elle se montre d'une férocité incroyable envers le vieux Barricini.

Un garçon manqué

Même si elle est capable de se montrer féminine, Colomba révèle des traits typiquement masculins. Orso, d'ailleurs, la raille à ce sujet : « Sais-tu [...] que la nature a eu tort de faire de toi une femme, Colomba ? Tu aurais été un excellent militaire » (p. 424). En effet, elle sait se battre aussi bien qu'un homme : on peut le voir dans la scène du chapitre 15, où elle parvient à maîtriser Orlanduccio Barricini, qui se jetait sur Orso armé d'un poignard (p. 417). Du reste, elle possède elle-même un « stylet », dont elle fait cadeau à Miss Lydia, après lui avoir montré comment s'en servir (p. 348). Elle est fascinée par les armes : on la voit tomber en extase devant la panoplie de fusils du colonel Nevil, au chapitre 5 (p. 345). Inutile d'insister sur le symbolisme phallique que les disciples de Freud ne manqueraient pas de relever dans ces objets guerriers de forme oblongue.

En bonne Méditerranéenne, habituée à une culture où les hommes commandent, Colomba semble s'effacer avec déférence devant son frère, qui est le chef de famille, depuis la mort de leur père. Mais elle sait fort bien contourner les obstacles que lui impose, dans cette société, sa condition de femme.

Une grande manipulatrice

Colomba révèle une habileté machiavélique dans la manière progressive dont elle amène son frère à accomplir la vengeance. En effet, elle est assez psychologue pour comprendre qu'Orso, qui revient en Corse après une très longue absence, n'a pas la mentalité des habitants de l'île. Elle procède par étapes pour modifier son état d'esprit. Orso n'est pas dupe. Il confie à Miss Lydia : « Ma sœur comprend qu'elle ne me tient pas complètement en sa puissance, et ne veut pas m'effrayer, lorsque je puis m'échapper encore. Une fois qu'elle m'aura conduit au bord du précipice [...] elle me poussera dans l'abîme » (p. 360).

Orso voit juste. Colomba ébranle ses scrupules moraux en lui infligeant plusieurs « électrochocs » émotifs : la vision du « mucchio » et de la chemise tachée de sang de leur père (au chapitre 11, p. 385), et la mutilation de son cheval (au chapitre 16), acte ignoble qui sera automatiquement imputé, elle le sait, aux Barricini.

Un personnage sympathique
ou maléfique ?

On a parfois reproché à Mérimée l'absence de préoccupations morales dans ses récits. En écrivant *Colomba*, il n'a voulu, sans doute, qu'impressionner ses lecteurs par la description des mœurs féroces de l'île.

Mais son héroïne ne donne-t-elle pas froid dans le dos ? Inaccessible à la compassion, elle a soif de sang et de mort, comme une Furie mythique. Après qu'Orso a tué les deux fils Barricini, elle crie à la foule qui manifeste devant sa maison : « ... remerciez-nous de ne pas vous demander plus de sang ! » (p. 446). Elle se montre particulièrement cruelle, dans le chapitre final, avec le vieux Barricini, comme nous l'avons vu. D'ailleurs, celui-ci, devant elle, doit fermer les yeux, « comme pour échapper au regard de Colomba » (p. 475). Or, nous l'avons vu (p. 11), Mérimée avait déjà attribué ce motif du regard insoutenable à la statue infernale de *La Vénus d'Ille*. C'est donc pour lui le signe d'une force négative. Cela explique la note finale de la nouvelle, lorsque la fermière dit à sa fille, en montrant Colomba : « Tu vois bien cette demoiselle si jolie [...] eh bien, je suis sûre qu'elle a le mauvais œil » (p. 476). « Le mauvais œil » désignait autrefois le pouvoir, attribué aux sorcières, de jeter des mauvais sorts à quelqu'un, à travers un simple regard.

Impressionné par le caractère rusé et implacable de sa sœur, Orso lui déclare qu'elle est « le diable en personne » (p. 425). Certes, il prononce ces paroles sur un ton de plaisanterie, mais le lecteur, en considérant le personnage dans sa totalité, peut y trouver la confirmation que Colomba est dotée d'un caractère assez malveillant.

▬▬▬ MISS LYDIA NEVIL

Quel contraste entre la féroce Colomba et la douce, féminine et raffinée Miss Nevil ! Les deux héroïnes jouent des rôles diamétralement opposés vis-à-vis d'Orso. Si Colomba est en effet le « mauvais génie » de son frère (p. 367), Miss Lydia est, d'après Orso lui-même, son « ange gardien » (p. 362).

L'ange gardien d'Orso

En effet, dès que Lydia soupçonne qu'Orso, une fois rentré en Corse, risque de se laisser gagner aux traditions vengeresses qui ont cours sur l'île, elle s'efforce de faire prévaloir en lui le côté « civilisé ». Elle fait appel à sa « raison », ainsi qu'à son « honneur d'homme et de militaire » (p. 362). C'est elle qui enjoint au préfet de couper court à la bataille qui se prépare entre les deux familles ennemies. Enfin, pour être sûre que son message sera bien reçu, elle ajoute ce postscriptum à la lettre qu'elle a écrite à Orso : « Je vous demande d'écouter le préfet, et de faire ce qu'il vous dira [...] Cela me fera plaisir » (p. 409). Coquette, la jeune femme se doute bien des tendres sentiments qu'elle inspire à Orso ; elle s'efforce d'utiliser cet ascendant sur lui pour le dissuader de toute vengeance.

Un ange gardien assez maladroit ?

Dans sa « sollicitude » pour Orso, qu'elle aime sans oser se l'avouer, elle lui fait don d'un « talisman », destiné à lui rappeler les conseils de son « ange gardien » (p. 362). Il s'agit de la bague égyptienne, qui porte en hiéroglyphes l'inscription : « La vie est un combat. » Bien sûr, comme elle l'explique avec un brin de pédanterie au jeune Corse, ce combat est celui que l'âme doit livrer contre les « mauvaises passions ». Mais, malgré elle, ce message acquiert pour Orso une redoutable ambiguïté. N'est-ce pas la même philosophie, mais dans un sens différent et beaucoup plus brutal, que lui prêche sa sœur ? De fait, du moment où il prend congé de Miss Nevil et son père, jusqu'à celui où il accomplit, sans vraiment l'avoir voulue, la vengeance tant désirée par Colomba, Orso sera déchiré entre ces deux types de « combat ».

Une jeune fille romanesque

Le personnage de Miss Lydia est attachant par son côté juvénile et romanesque, que Mérimée nous décrit avec une tendresse ironique. Il a vis-à-vis d'elle une attitude comparable à celle de Stendhal avec son personnage Fabrice dans *La Chartreuse de Parme*. Les deux écrivains sont des hommes mûrs qui se moquent un peu de l'enthousiasme irréfléchi de leurs jeunes protagonistes. De même que Fabrice, admirateur de Napoléon, veut à tout prix participer à la bataille de Waterloo sans se rendre compte du danger, ainsi Lydia veut-elle voir de près la Corse « sauvage » et primitive. Elle frissonne de plaisir en écoutant les récits de vengeance, et Orso commence à l'intéresser lorsqu'elle apprend qu'il retourne peut-être en Corse pour venger son père.

Ce goût pour le romanesque, qui lui fait comparer les Corses aux héros de Lord Byron (p. 333), l'amène à préférer un moment Colomba à son frère, car ce dernier est « un sauvage trop civilisé » (p. 359). Même si elle lance ce trait à Orso comme une plaisanterie, cela révèle néanmoins la contradiction inhérente à son caractère immature. En effet, elle adore tout ce qui est extraordinaire et sauvage, mais en même temps, elle veut « civiliser » Orso (p. 335).

D'autre part, son enthousiasme romanesque ne lui donne pas un courage très héroïque dans les situations tendues. Elle pousse des « cris affreux » (p. 445) quand éclate une fusillade, et fond en larmes, « à demi morte de peur », lorsqu'elle est trouvée dans le maquis par les soldats (p. 462).

Miss Lydia et son amour pour Orso

Restée seule après le départ d'Orso pour Pietranera, Miss Lydia lutte contre l'amour qu'elle sent naître en elle : « Oh ! je ne l'aime point... non, non ; d'ailleurs cela est impossible... » Pour mieux réprimer l'attirance qu'elle ressent pour le Corse, elle songe aux réactions qu'auraient ses amis londoniens à son mariage « exotique ». Elle imagine Colomba dansant à Londres. Qu'en penserait donc la « bonne » société ? Finalement, elle est, elle aussi, manipulée par Colomba, qui la place dans un tête-à-tête assez intime avec Orso, au cours duquel les deux personnages peuvent s'avouer leur amour réciproque (chapitre 19, pp. 458-460).

■■■■■ ORSO

Le protagoniste masculin de cette nouvelle soulève bien des questions : est-il plutôt corse ou plutôt français ? Est-il maître de sa destinée ou n'est-il qu'une marionnette aux mains de sa sœur ? un vainqueur ou un vaincu ?

Un soldat fier et ombrageux

Au début de la nouvelle, Mérimée traite Orso comme un personnage à prendre au sérieux. Il n'a pas vis-à-vis de lui la même distance ironique qu'il garde, comme on a pu l'observer, par rapport au personnage de Miss Lydia. Dès qu'Orso paraît sur la goélette qu'ont louée le colonel Nevil et sa fille pour se rendre en Corse, l'auteur nous le présente de manière avantageuse : c'est « un grand jeune homme [...] les yeux noirs, vifs, bien fendus, l'air franc et spirituel » (p. 320).

Il est fier, et se montre très sûr de lui-même devant les deux Britanniques : comme le colonel Nevil, mais dans l'autre camp, il se trouvait sur le champ de bataille de Waterloo. Orso est donc un soldat doublement vaincu : d'abord, parce que la France a perdu à Waterloo, mais vaincu aussi en France même, car Napoléon, après cette dernière défaite, a été déchu de son pouvoir, et le nouveau régime a mis ses anciens soldats en « demi-solde », c'est-à-dire au début de la retraite.

Cette position doublement humiliante le rend très susceptible. Quand le colonel, par pure bonté, cherche à lui glisser une pièce dans la main, il se sent très offensé (p. 323). Par la suite, même s'il a des intentions pacifiques, ses réactions d'amour-propre sont assez vives, comme lorsqu'il rétorque au préfet, qui lui ordonne de ne pas se battre : « En matière d'honneur je ne reconnais d'autre autorité que celle de ma conscience » (p. 418).

Une figure d'autorité ?

En fait, Orso est si ombrageux qu'il en est presque bourru. Son nom, du reste, ne signifie-t-il pas « ours », animal auquel on prête ce type de caractère ? Miss Nevil s'est donnée pour mission de « civiliser cet ours des montagnes » (p. 335).

Il parle très rudement, à plusieurs reprises, à ses bergers, comme il parlait autrefois à ses soldats, « lorsqu'il distribuait les réprimandes » (p. 372). Quand le bandit Brandolaccio apparaît chez lui, secrètement introduit par Colomba pour témoigner devant le préfet, au chapitre 15, Orso furieux s'écrie : « Que viens-tu faire ici, misérable ? » (p. 415) en le prenant au collet. Il a donc gardé des habitudes de commandement : il se comporte en lieutenant et en chef de famille. Mais Orso, en son for intérieur, est un être déchiré et tourmenté.

Une double identité, corse et française

En effet, Orso est partagé entre son atavisme corse, que Colomba s'emploie habilement à réveiller, et son éducation « continentale », à la fois italienne et française, qui le pousse à respecter la loi et à rejeter comme barbares les mœurs violentes de son île natale. Au fond de lui-même, pourtant, il se sent Corse avant d'être Français. Lorsque le préfet lui dit qu'il est sans doute devenu « tout à fait Français », Orso se sent vexé ; Mérimée explique alors que « ce n'est pas flatter prodigieusement les Corses, que leur rappeler qu'ils appartiennent à la grande nation » (p. 337).

Toutefois, Orso a trop longtemps vécu loin de son île pour être resté intégralement Corse : il est « biculturel », et cette double identité le tourmente. Après que Colomba l'a solennellement encouragé à venger la mort de leur père, il ressent douloureusement un « combat entre sa conscience et ses préjugés » (p. 386). En bon Français, Mérimée range évidemment la « conscience » du côté de la France et les préjugés du côté de la Corse. Le jeune homme ne confie-t-il pas à Miss Lydia : « Je me sens redevenir sauvage depuis que j'ai mis le pied dans cette île » (p. 360) ? Orso, finalement, décide de provoquer le fils Barricini en duel, seul moyen de « concilier ses idées corses et ses idées françaises ».

Un personnage manipulé

En fait, comme on l'a vu (p. 49), Orso n'a pas le contrôle des événements qui vont imprimer un cours décisif à sa destinée. Colomba le manipule à sa guise, tout en le traitant par devant avec le respect dû au chef de famille. Elle ne s'assied à la table de son frère qu'après que celui-ci l'y a autorisée (p. 378). Lui-même cherche à se donner l'impression qu'il est entièrement maître de ses décisions : « Colomba, ma bonne, tu es la femme forte [...] Mais, vois-tu, laisse-moi faire. Il y a certaines choses que tu n'entends pas » (p. 420). Pourtant, à son insu, Colomba dirige sa vie, à la manière non d'une sœur, mais d'une mère assez abusive, même après l'accomplissement de la vengeance. Une fois Orso marié, elle entend s'occuper de « l'éducation » de son futur neveu (p. 474).

▬▬▬ LE COLONEL
SIR THOMAS NEVIL

Le père de Miss Lydia est un personnage à la fois sympathique et quelque peu ridicule, lui aussi très stéréotypé.

Un père aux ordres de sa fille

Veuf, le colonel Nevil voyage en compagnie de sa fille unique, Miss Lydia. Les deux personnages sont visiblement très attachés l'un à l'autre, mais si Lydia, comme Colomba vis-à-vis d'Orso, semble respecter l'autorité masculine et paternelle, il est clair qu'elle mène son père selon son caprice. C'est lui qui suggère timidement à sa fille d'aller en Corse, et il est soulagé et agréablement surpris qu'elle y consente (p. 318). Quand Miss Nevil témoigne en faveur d'Orso devant le préfet, elle demande à son père de confirmer ce qu'elle dit : le brave colonel s'exécute aussitôt, car « en toute occasion il n'avait garde de contredire sa fille » (p. 451). Il ne la contredit pas davantage lorsqu'elle lui avoue qu'elle désire épouser Orso. Miss Lydia est soulagée de ne voir « aucun signe de courroux » sur le visage de son père (p. 465), car en « demoiselle bien élevée » *(ibid.)* elle sait qu'elle aurait du mal à se passer du consentement paternel.

Un personnage attachant et comique

Le colonel est attachant par sa générosité : il cherche maladroitement à faire la charité à Orso (p. 53) et finalement lui offre un fusil qui se révèle fort utile lors de son combat avec les Barricini. Comme le déclare Sir Thomas : « Sans mon [fusil de marque] Manton, je ne sais trop comment il s'en serait tiré » (p. 451).

Sir Thomas est comique par sa soumission à sa fille, amusante chez un ancien colonel britannique, que l'on s'attendrait à voir plus autoritaire. Il est également comique par son obsession pour la chasse, qui semble être la passion exclusive de sa vie. C'est dans l'espoir de faire de bonnes chasses qu'il se rend en Corse (p. 317). Arrivé sur l'île, il chasse tous les jours avec Orso.

En dehors de cette passion, peu de choses semblent l'intéresser : il s'endort sur le canapé en écoutant sa fille jouer du piano (p. 336). Enfin, il démontre à plusieurs reprises dans l'histoire que son esprit n'est pas d'une extraordinaire vivacité (comme au chapitre 18, p. 442).

■■■■■ LE PRÉFET

Représentant de la loi française sur le sol corse, le préfet joue un rôle assez secondaire dans l'histoire, dans la mesure où il ne parvient pas à empêcher que la dispute entre les Barricini et les della Rebbia ne se résolve d'une manière typiquement « corse ». Toutefois, c'est grâce à lui qu'Orso, à la fin, doit d'être acquitté : le préfet, après avoir observé une certaine neutralité, a fini par admettre la culpabilité des Barricini.

Un Français « du continent » en Corse

La tâche du préfet est fort difficile : il représente la loi de la France sur le sol d'une île très attachée à ses coutumes, et qui n'était possession française que depuis un demi-siècle à peine au moment où se passe l'histoire [1]. On sent qu'il éprouve un mépris et une méfiance considérables envers les mœurs violentes de la Corse..

Il essaie de remplir sérieusement et honnêtement ses fonctions, mais devant la complexité de la situation et la difficulté du caractère corse, il s'exclame, à bout de nerfs : « Quel pays ! [...] Quand donc reviendrai-je en France ! » (p. 419). Notons que le préfet parle de revenir « en France », et non pas « sur le continent », comme nous dirions aujourd'hui. Ce simple détail nous montre que la Corse, à l'époque, et bien

---

1. La Corse avait été annexée à la France en 1768, et l'histoire de *Colomba* se déroule pendant les années qui ont suivi la défaite de Napoléon à Waterloo, c'est-à-dire entre 1815 et 1820.

qu'elle fût officiellement une île « française », apparaissait encore comme une contrée distincte.

Un honnête fonctionnaire

Toutefois, aucun des personnages corses, pas même les bandits, ne lui témoigne d'hostilité. Il est clair pour tout le monde qu'il est un fonctionnaire intègre. Au départ, il veut jouer le rôle d'un médiateur impartial entre les deux familles, avec une légère préférence envers le père Barricini, en qui il respecte la fonction de maire de Pietranera. Mais, dès qu'il se met à éprouver des soupçons contre lui, après avoir lu les documents que lui présente Colomba, au chapitre 15, son attitude change. Le père Barricini, croyant la bienveillance du préfet acquise, déclare à Orso que « M. le Préfet [le] recommandera à la gendarmerie ». Ce dernier, qui est présent, rétorque avec sévérité, en parlant de lui-même à la troisième personne : « Le préfet fera son devoir [...] Il prendra soin que justice soit faite » (p. 417). Et pour être bien sûr que le vieux Barricini ne se sente plus au-dessus de la loi, il le démet aussitôt de ses fonctions de maire.

L'allié d'Orso

Après qu'Orso a tué les fils Barricini, Colomba et Miss Lydia ont été faites prisonnières dans le maquis (voir ci-dessus, p. 44). Le préfet ordonne aux gendarmes de relâcher les deux jeunes femmes ; convaincu de l'innocence d'Orso, il confie à Colomba : « Tout s'arrangera, mais il faut qu'il [Orso] quitte le maquis [...] et qu'il se constitue prisonnier » (p. 465). On apprend au chapitre suivant, en effet, qu'Orso a obtenu une « ordonnance de non-lieu » (p. 468). Grâce au préfet, Orso peut donc réintégrer la société et mener une vie normale.

■■■■■■ CHILINA

Cette enfant, nièce du bandit Brandolaccio, exerce les fonctions de messagère dans la nouvelle. Elle fait la navette entre le village, où se trouve Colomba, et le maquis, où se cachent son oncle et l'autre bandit. Mérimée l'appelle avec humour « l'iris des bandits » (p. 443). Iris, dans la mythologie grecque, était la messagère ailée des dieux. Colomba la protège, et lui donne du pain et de la poudre pour son oncle. C'est elle qui vient apporter à Colomba et aux deux Britanniques la « bonne nouvelle » à propos d'Orso, juste après le combat avec les deux frères Barricini (p. 443).

■■■■■■ LES DEUX BANDITS

Avec ces deux personnages, Mérimée sacrifie à la « couleur locale ». En effet, Brando Savelli, dit Brandolaccio, et Giocanto Castriconi, alias « le curé », ou « le théologien », sont deux figures typiques du maquis corse. Ce sont des bandits et, bien qu'ils aient au moins un mort sur la conscience, l'auteur lui-même prend la peine de préciser, dans une note, que « Bandit n'est point [en Corse] un terme odieux : il se prend dans le sens de banni ; c'est l'*outlaw* [1] des ballades anglaises » (p. 380).

Brandolaccio, l'ancien « grognard »

Brando Savelli, appelé Brandolaccio, est une vieille connaissance d'Orso : c'est un ancien « grognard », ou vétéran des armées napoléoniennes, qui a déserté en 1816. Brandolaccio, revenu en Corse, a dû « régler un compte », et c'est à cause de cet assassinat qu'il doit vivre caché dans le maquis. Toutefois, il assure à Orso qu'il est « un homme d'honneur » (p. 391) : il ne vole pas pour vivre. Il se contente de recevoir « le pain et la poudre » de bonnes âmes comme Colomba.

Lorsque Orso essaye de lui glisser deux pièces de cinq francs, il a la réaction qu'avait eue Orso lorsque le colonel Nevil avait voulu faire de même avec lui (voir plus haut, p. 53) : il les refuse avec indignation. Oncle de la petite Chilina, il l'élève consciencieusement, et assure qu'il a déjà « un parti en vue » pour elle quand elle sera en âge de se marier (p. 390). C'est lui qui porte secours à son ex-lieutenant Orso, blessé après l'embuscade des fils Barricini (chap. 17).

---

1. Le plus célèbre de ces *outlaw* (hors-la-loi) chantés par les ballades romantiques anglaises était Robin Hood, ou « Robin des bois ».

Giocanto Castriconi,
un étrange « curé »

Ce deuxième bandit est encore plus truculent que son comparse Brandolaccio. En effet, c'est un ancien étudiant en théologie, qui assure son ami qu'il « aurait pu être pape » (p. 389). Sa brillante carrière ecclésiastique a été brisée par une classique affaire de vendetta, au cours de laquelle il a dû « mettre une balle dans la tête » au frère du séducteur de sa sœur (p. 389). Mais lui aussi, comme Brandolaccio, se déclare homme d'honneur, et ne plaisante pas avec ceux qui compromettent sa réputation.

Il est heureux de son sort : « La belle vie que celle de bandit ! » dit-il à Orso (p. 390). Fort cultivé, il se compare à don Quichotte (p. 470), et implicitement au « bandit au grand cœur » Robin des bois, lorsqu'il déclare se servir de son fusil pour « redresser les torts ». Il n'a gardé de ses anciennes études qu'un goût prononcé pour le latin. Il aime à citer Virgile (p. 392), et demande à Orso — qui veut le remercier de son aide — un exemplaire du poète latin Horace (p. 471).

■■■■■■ LES BERGERS
ET LES VILLAGEOIS

Les bergers, ces hommes frustes que l'on voit toujours à cheval et armés de leurs fusils, sont un peu l'équivalent, avant la lettre, des *cow-boys* de l'Ouest américain ou des *gauchos* de la pampa d'Argentine. Au service, depuis des générations, de la famille della Rebbia, ils vouent à celle-ci une loyauté pratiquement féodale. Venus au-devant d'Orso pour lui servir d'escorte, ils l'accueillent aux cris de « Evviva Ors'Anton' ! » (p. 372). À cette occasion, le plus âgé d'entre eux, Polo Griffo, lui déclare qu'il est « aux della Rebbia corps et âme » (p. 372).

Les habitants de Pietranera sont les figurants dans le drame qui se joue entre les deux familles ennemies. Tout le monde, ou presque, a pris parti : le village se divise entre les « rebbianistes » et les « barricinistes ». Il y a parmi ces villageois des vieillards qui sont comme les arbitres de la vendetta, considérant celle-ci comme un devoir sacré. C'est pourquoi ils critiquent Orso, qui à leurs yeux tarde trop à se venger (p. 411-412).

■■■■■ LA FAMILLE BARRICINI

Les deux fils

Vincentello et Orlanduccio sont, en raison de l'âge de leur père, les deux adversaires qu'Orso devra affronter directement. Ce sont deux hommes jeunes, forts et impétueux. Ils ont la réputation d'être beaucoup plus prompts à la violence que leur père. Les vieux du village font remarquer, quand Orso entre pour la première fois à Pietranera, en passant devant la maison des Barricini, que si les deux fils avaient été présents, ils auraient sans doute tiré (p. 375).

Le père Barricini

Le père de ces deux fiers-à-bras est désigné dans la nouvelle comme « l'avocat » ou « le maire », les deux fonctions qu'il remplit, fort malhonnêtement d'ailleurs, à Pietranera. Ce personnage est un fourbe, et Mérimée ne laisse aucun doute aux lecteurs quant à sa culpabilité dans la dispute qui l'oppose au père d'Orso. Dans le dernier chapitre, il avoue à Colomba qu'il avait lui-même déchiré et brûlé la page du carnet de sa victime, où le père d'Orso avait inscrit le nom de l'assassin (p. 475).

Ce personnage perfide nous émeut pourtant dans son malheur. La description qu'en donne Mérimée, quand on lui rapporte les cadavres de ses fils, est saisissante. Parmi les pleurs et les hurlements des autres, le « malheureux père » reste muet (p. 445). Sa raison vacille sous le choc : « Toujours les yeux fixés sur les cadavres, il se heurtait contre les pierres, contre les arbres, contre tous les obstacles qu'il rencontrait. » Dans le chapitre final, il apparaît encore plus pitoyable. Il n'est plus qu'un « pauvre idiot » (p. 475), terrifié par l'apparition de sa « némésis [1] » Colomba.

---

1. *Némésis* était, dans la mythologie grecque, la déesse de la Vengeance. On peut parler de *Némésis* à propos d'une personne qui nous est profondément hostile et cherche notre ruine, pour assouvir un désir de vengeance.

8 Romantisme et couleur locale dans Colomba

Malgré la sobriété bien connue de son style, Mérimée appartient à la génération romantique, et toute son œuvre porte la marque de l'esthétique du romantisme. On peut citer, par exemple, son goût pour le fantastique, que les Romantiques français ont hérité de leurs collègues allemands et anglais. On peut également relever la part très importante qu'il accorde, dans son œuvre, à la peinture des passions violentes : la vengeance dans *Colomba*, la jalousie dans *Carmen*, les combats sanglants et la guerre dans ses courtes nouvelles, *Tamango* et *L'Enlèvement de la redoute*. Mais la marque la plus typique du romantisme mériméen est sans nul doute son attachement à l'idée de « couleur locale ».

CARACTÈRES ROMANTIQUES DE « COLOMBA »

La violence des passions

C'est bien sûr Colomba qui illustre le mieux, dans la nouvelle, ce thème romantique par excellence. Nous la voyons se jeter avec force dans les bras d'Orso, après lui avoir montré la chemise ensanglantée de leur père, et lui crier : « Orso ! tu le vengeras ! » (p. 385). Pour attiser la colère d'Orso contre les Barricini, elle n'hésite pas à mutiler son cheval, au chapitre 16. Quand elle improvise sa *ballata* lors de la veillée funèbre, elle est l'image parfaite du poète inspiré, tel que le rêvaient les romantiques. Pareille à « la Pythonisse sur son trépied » (voir explication, p. 48), elle entre dans une véritable transe.

Mais Colomba elle-même n'est pas un cas isolé. On peut voir en elle un « génie du lieu », une incarnation de la mentalité corse ancestrale. Toute cette partie sauvage de l'île, où l'influence française se fait moins sentir qu'à Bastia ou à Ajaccio, baigne dans une atmosphère de violence exacerbée. Comme le dit Orso à Miss Lydia, en parlant de sa sœur : « Elle est Corse..., elle pense ce qu'ils [les Corses] pensent tous » (p. 361).

À la limite du fantastique

Les romantiques adorent le fantastique, et Mérimée ne fait pas exception. Certes, *Colomba* n'est pas un conte fantastique : il ne s'y passe rien de surnaturel, comme dans *La Vénus d'Ille*. Toutes les péripéties de cette histoire de vengeance pourraient très bien se dérouler dans la réalité. Mais nous trouvons dans *Colomba* ce qu'un autre écrivain de sensibilité romantique, Jules Barbey d'Aurevilly, appelait « le fantastique de la réalité ». On peut parfois se trouver en présence, dans la vie réelle, de personnes ou d'événements si extraordinaires qu'ils nous procurent ce même frisson que celui que nous ressentons devant le surnaturel. Le personnage de Colomba, par la manière quasi inhumaine dont elle incarne l'esprit de la vengeance, illustre bien ce fantastique de la réalité. Cette impression d'être au seuil du fantastique est confirmée à la fin de la nouvelle par les paroles de la fermière italienne. Cette dernière, en effet, se dit persuadée que Colomba a « le mauvais œil », c'est-à-dire des pouvoirs de sorcière (voir ci-dessus, p. 49).

██████ LA COULEUR LOCALE DANS « COLOMBA »

Pourquoi l'idée de « couleur locale » était-elle si importante pour les romantiques ? On se souvient qu'en France le romantisme fut, surtout au théâtre il est vrai, une réaction contre le classicisme. Or, les classiques du XVIIe siècle étaient obnubilés par la vérité générale et universelle. Ils pensaient que la nature humaine, par exemple, est partout et toujours la même. On le voit chez Racine : que ses personnages soient des Grecs, des Romains ou des Turcs, ils agissent et s'expriment comme des Français du XVIIe siècle.

À la suite de Victor Hugo, les romantiques prirent leurs distances par rapport à cette esthétique classique fondée sur des normes générales et universelles. D'après eux, il existe au contraire une vérité particulière pour chaque peuple et chaque époque. C'est pourquoi ils insistent sur la nécessité de la « couleur locale », pour bien marquer la spécificité culturelle et ethnique de leurs personnages. La couleur locale consiste donc à relever toutes les particularités dans l'habillement, les coutumes et la culture de leurs personnages.

Caractères typiques dans la cuisine et l'habillement corses

Conformément à cette esthétique romantique, Mérimée se met en devoir de renseigner les lecteurs sur ces détails. Au besoin, il rajoute lui-même des notes en bas de page, pour expliquer le sens de certains mots corses qu'il insère dans son récit. C'est ainsi que, au moment où Miss Lydia mentionne un plat qu'elle semble apprécier, le *bruccio*, Mérimée nous explique en note : « Espèce de fromage à la crème cuit. C'est un mets national en Corse » (p. 361). Quant aux vêtements, Mérimée, dès la première apparition de Colomba, nous la décrit revêtue de l'habit traditionnel des femmes corses : « Sur la tête, elle portait ce voile de soie noire nommé *mezzaro*, que les Génois ont introduit en Corse, et qui sied si bien aux femmes » (p. 341).

Les usages traditionnels de la Corse

La « couleur locale » serait superficielle si elle se limitait à la cuisine et à l'habillement. Mérimée va bien au-delà : il veut nous faire sentir l'âme profonde du peuple corse, à travers sa culture et ses usages les plus anciens. L'intérêt particulier que notre auteur éprouvait pour « l'île de Beauté » ne date pas du voyage qu'il y fit en 1839. En fait, cet intérêt se révélait déjà dans *Mateo Falcone*, la première nouvelle qu'il ait publiée, en 1829. Ce court récit est aussi une histoire d'honneur et de vengeance. Le protagoniste, stéréotype du patriarche corse, se venge sur son propre fils d'une injure que lui a faite ce dernier en livrant à la police un bandit qui s'était réfugié dans la maison familiale. Pour ce manquement flagrant à l'honneur du « maquis », Mateo Falcone condamne son fils à mort et l'exécute lui-même d'un coup de fusil. Il est donc clair que Mérimée est fasciné par ce thème de l'honneur et de la vengeance que nous traitons au chapitre suivant. Mais voyons dès maintenant, avec d'autres coutumes traditionnelles corses, le folklore particulier qui entoure cette institution qu'est la *vendetta*.

Le rituel de la « vendetta » : le « rimbecco »

Un usage particulier de la vengeance est le *rimbecco*. Au chapitre 3, le matelot de la goélette chante la *ballata* que Colomba avait composée pour la mort de son père. Or, il s'arrête immédiatement, au vif déplaisir de Miss Lydia, dès qu'Orso paraît sur le pont. Quand la naïve jeune femme lui en demande la raison, le marin répond discrètement qu'il ne veut pas « donner le *rimbecco* » au fils du mort. Lorsque la servante de Miss Lydia demande à Orso la signification de cette expression, celui-ci répond vivement que « c'est faire la plus mortelle injure à un Corse ; [lui donner le *rimbecco*] c'est lui reprocher de ne pas s'être vengé » (p. 329).

La « ballata » : une ode funèbre aux morts

Un autre usage traditionnel de la Corse qui joue un rôle important dans la nouvelle est la *ballata*, sorte de poème chanté que l'on improvise en l'honneur d'un mort lors de la veillée funèbre. Ce sont des femmes qui improvisent ces *ballata*, dans le dialecte du pays. Dans une note assez érudite, Mérimée nous explique que l'on nomme ces femmes *voceratrici* (p. 329).

Nous avons deux exemples de *ballata*, toutes deux composées par Colomba, qui est la meilleure *vocératrice* de Pietranera. D'une part, il y a celle qu'elle a composée en l'honneur de son père, et que chante le matelot au chapitre 3. Ensuite, au chapitre 12, Mérimée nous plonge dans l'ambiance typique d'une veillée funèbre corse, au cours de laquelle l'héroïne improvise la « ballata » pour le défunt, Charles-Baptiste Pietri.

En règle générale, l'ode funèbre décrit la douleur de la famille et chante les louanges du mort. Dans le cas de son père, Colomba exalte son courage de soldat : « Il était le faucon ami de l'aigle » (p. 327). « L'aigle » est bien sûr Napoléon. Cette *ballata* se conclut sur un appel à la vengeance, car il s'agit, non d'une mort naturelle, mais d'un lâche assassinat.

Le « mucchio »

Mérimée nous informe de cet autre usage funèbre, fort ancien, dans le chapitre 11. Nous y voyons Colomba mener Orso au *mucchio* de leur père. C'est un amas de branches surmonté d'une croix de bois. L'usage, en effet, « oblige les passants à jeter une pierre ou un rameau d'arbre sur le lieu où un homme a péri de mort violente » (p. 385). Bien entendu, c'est pour exciter chez son frère le désir de vengeance que Colomba a tenu à lui montrer ce *mucchio*, qui marque le lieu de l'assassinat. Elle parvient à émouvoir Orso, qui « fond en larmes » (p. 385) devant cet humble monument funèbre.

■■■ LE POINT DE VUE DE MÉRIMÉE

Un simple survol de l'œuvre de Mérimée (voir ci-dessus, p. 61) suffit pour constater qu'il a appliqué, plus qu'aucun autre romantique, le principe de la couleur locale. Ses premières œuvres sont des imitations, ou des pastiches, de la littérature et du folklore espagnol et balkanique. Par la suite, il voyagera beaucoup. C'est d'un séjour en Corse qu'est née l'idée de *Colomba*.

Mais, dans sa nouvelle, Mérimée semble se moquer à plusieurs reprises de l'idée de couleur locale. Parlant en son nom propre, il confie : « Explique qui pourra le sens de ces mots [couleur locale], que je comprenais fort bien il y a quelques années, et que je n'entends plus aujourd'hui » (p. 315). Doit-on prendre ici Mérimée au sérieux, alors qu'il va abreuver son lecteur, tout au long du récit, de coutumes et de spécialités corses ? Il est probable qu'il se montre ironique, et qu'il ne prend plus tout à fait au sérieux certains articles du *credo* romantique.

9 Honneur et vengeance, thèmes majeurs de Colomba

Colomba est une histoire de *vendetta*, terme corse signifiant « vengeance ». Tel est donc le thème central de cette
nouvelle. Mais l'on ne saurait étudier ce thème sans en abor-
der un autre, qui lui est connexe : celui de l'honneur. En effet,
c'est l'honneur qui constitue la motivation de l'acte de vengeance. Commençons par définir ce terme.

■■■■ L'HONNEUR : UN CONCEPT AMBIGU

L'honneur est une notion très ancienne, qui a cours prin-
cipalement, mais non exclusivement, parmi les classes
nobles. Il n'est pas très facile de cerner avec précision la
signification de ce terme. Le dictionnaire nous en donne les
deux sens principaux : « Sentiment de notre dignité morale »
et « Vif sentiment de notre renommée, qui porte aux actions
nobles ».

L'honneur comme équivalent de la conscience morale

La première de ces définitions du dictionnaire nous amène
à voir dans l'honneur un équivalent de la conscience morale.
L'honneur serait le sentiment impérieux de notre devoir, qui
nous oblige souvent à agir contre les intérêts immédiats de
notre égoïsme. C'est bien cette définition de l'honneur
qu'Orso semble avoir vue lorsqu'il déclare au préfet : « En
matière d'honneur je ne reconnais d'autre autorité que celle
de ma conscience » (p. 418).

L'honneur comme souci
d'une bonne réputation

La seconde définition du dictionnaire : « Vif sentiment de notre renommée », se rapporte surtout au concept aristocratique de l'honneur. C'est l'attachement exacerbé à la bonne réputation dont jouit l'individu ou le nom de sa famille.

L'aristocrate de jadis considérait comme un devoir sacré de préserver le prestige du nom de ses ancêtres, de le protéger contre tout soupçon ou toute insulte. Devant l'injure que son père a reçue, Rodrigue, dans *Le Cid* de Corneille, n'a pas le choix : il doit venger l'honneur de la famille, quoi qu'il lui en coûte. Orso réagit comme Rodrigue lorsque le préfet semble suggérer que c'est peut-être son père qui a contrefait la lettre du bandit. Orso se lève et déclare : « Me dire que cette lettre n'est pas l'ouvrage de M. Barricini, c'est l'attribuer à mon père. Son honneur, monsieur, est le mien » (p. 403).

Malhonnêteté et lâcheté,
deux taches sur la réputation

On voit donc que si l'honneur, dans cette deuxième définition, consiste à protéger la bonne réputation du nom familial, il oblige à rectifier tout soupçon de malhonnêteté. Mais le pire de tous les péchés pour des militaires comme les della Rebbia est la lâcheté. Le courage héroïque étant la valeur suprême pour une caste vouée à la guerre, l'honneur exigeait que ce courage soit démontré en toutes circonstances. C'est pourquoi Orso craint de passer pour un lâche aux yeux des habitants de Pietranera s'il ne venge pas son père.

Contradictions
entre l'honneur aristocratique
et la morale chrétienne

Le paradoxe de cette éthique aristocratique est qu'elle s'oppose en plusieurs points aux idéaux moraux du christianisme. Or les nobles, comme les personnages principaux de *Colomba*, à commencer par l'héroïne elle-même, prétendent pouvoir concilier les deux. Pourtant, si l'honneur, dans sa première définition, peut facilement être conforme aux principes chrétiens, il n'en va pas de même pour le deuxième sens que nous venons de voir. L'un des thèmes principaux de la morale chrétienne est le pardon des offenses : or ni Chimène, ni Colomba, ne semblent envisager le pardon un seul instant. Un autre précepte chrétien est l'humilité, laquelle paraît difficile à concilier avec le souci constant de la gloire personnelle et familiale qu'implique l'honneur.

■■■■ LE SENS DE L'HONNEUR DANS « COLOMBA »

L'honneur, au sens « aristocratique », ne se trouve pas exclusivement, comme nous l'avons dit, parmi la noblesse en tant que classe sociale. C'est une fierté ombrageuse, un souci de réputation, qui peut exister à tous les niveaux de la société. Il semble omniprésent en Corse.

Brandolaccio et Castriconi : des bandits « honnêtes »

Ces deux personnages, en effet, nous amusent par le contraste entre leur condition de bandits, et la haute opinion morale qu'ils ont d'eux-mêmes. Brandolaccio se définit comme un « homme d'honneur » (p. 391), car il ne commet aucune turpitude morale, telle que le vol, le « racket », le chantage. Tout au plus, forcera-t-il un peu la main au jeune homme qu'il a déjà choisi pour être le mari de sa nièce Chilina (p. 390). Quant à Castriconi, dit « le curé », l'histoire qu'il raconte à Orso, pp. 391-392, vise à démontrer que, lui aussi, vit sans avoir recours à de basses pratiques, et qu'il se soucie de sa réputation.

C'est pourquoi Orso conclut que « ces misérables [les deux bandits] ont de l'honneur à leur manière ». Orso considère que c'est aux motivations qu'on juge les actes : « C'est un préjugé cruel et non une basse cupidité qui les a jetés dans la vie qu'ils mènent » (p. 395).

Orso : un être déchiré entre les deux conceptions de l'honneur

Dans la partie « française » ou « civilisée » de son être, Orso conçoit l'honneur comme respect de la loi et considère comme barbares les pratiques de la vengeance corse. Il songe aux dommages que subirait sa réputation sur le continent, s'il agissait comme ses compatriotes : « Si les préjugés ou les instincts de son pays revenaient l'assaillir [...] il les écartait avec horreur en pensant à ses camarades de régiment, aux salons de Paris, surtout à Miss Nevil » (p. 386). Les mots « préjugés » et « instincts » indiquent que cet honneur « civilisé » consiste à rester sous l'empire de la raison, à résister aux impulsions violentes. En revanche, son atavisme corse exige le « prix du sang ». Si le duel semble pouvoir concilier « ses idées corses et ses idées françaises », c'est qu'il constitue une forme de violence contrôlée par des règles, qui laissent notamment des chances égales aux deux adversaires.

Colomba, ou « l'honneur barbare »

Colomba est corse avant tout et les scrupules d'Orso lui sont étrangers. En toute bonne conscience, elle veut la mort de ceux auxquels elle impute l'assassinat de son père. Son honneur est « barbare » (p. 367). Elle ne compte ni sur la loi ni sur l'appareil judiciaire pour faire justice à son père. Elle parle avec mépris des « robes noires », c'est-à-dire des magistrats (p. 425). Colomba fait sa propre loi : elle est à la fois juge et bourreau de ses ennemis. Son seul absolu moral, bien qu'elle soit par ailleurs catholique, est l'honneur familial. Comme le dit le préfet : « Les liens de famille sont si puissants en Corse, qu'ils entraînent quelquefois au crime » (p. 404). Ceci nous amène à considérer maintenant la vengeance, corollaire inévitable de ce type d'honneur.

◼◼◼ LA VENGEANCE

Comme nous l'avons vu, l'éthique chrétienne du pardon des offenses est incompatible avec une certaine conception de l'honneur, qui exige que l'offense soit compensée par un acte de violence, généralement mortel, contre l'auteur de cette injure. C'est un équilibre implacable entre l'offense et son châtiment, qui s'inspire des plus anciennes traditions, comme celle de la « loi du talion » : œil pour œil, dent pour dent. C'est bien une forme de loi du talion qu'invoque Colomba, lorsqu'elle chante : « Il me faut la main qui a tiré, l'œil qui a visé, le cœur qui a pensé... » (p. 476). Elle ne semble même pas s'apercevoir de la contradiction entre ces principes et sa foi catholique.

Injustice et disproportion de la « vendetta »

Ce qui rend cette contradiction d'autant plus flagrante, c'est la disproportion de l'idée corse de la vengeance. En effet, dans la *vendetta*, ce n'est pas nécessairement l'auteur de l'offense qui subit le châtiment. Il existe une vendetta dite « transversale ». Mérimée lui-même nous explique, dans une note, que « c'est la vengeance que l'on fait tomber sur un parent plus ou moins éloigné de l'auteur de l'offense » (p. 317). La famille est alors considérée comme collectivement responsable des agissements de l'un de ses membres. La *vendetta* était déjà un thème littéraire important avant que Mérimée n'écrive *Colomba*. On en voit une belle illustration dans *Roméo et Juliette*, de Shakespeare.

Différences entre la « vendetta » et le duel

On pourrait considérer, à première vue, que le duel à l'européenne n'est qu'une forme particulière de *vendetta* puisqu'il vise lui aussi à laver l'injure dans le sang. Orso lui-même est de cet avis au début de cette nouvelle, lorsqu'il déclare à ses amis anglais que « la vendetta est le duel des pauvres » (p. 332). Il justifie cette équivalence en précisant « qu'on ne s'assassine [en Corse] qu'après un défi en règle ».

Pourtant, les événements qui se déroulent par la suite, contredisent Orso. La vendetta ne garantit pas, comme le duel réglé, des chances égales aux deux adversaires : c'est une embuscade, où la victime est tuée par surprise. Ironiquement, le duel réglé ne satisferait pas le désir de vengeance de Colomba, car ce serait faire trop d'honneur aux ennemis de sa famille. Comme elle le dit à son frère : « Orlanduccio n'entend rien à vos duels, et d'ailleurs ce n'est pas de la mort d'un brave que ce misérable doit mourir » (p. 420).

■■■■■ LE FANTASME DU SANG

Pour que la vengeance soit accomplie, il faut que le sang coule : peu importent les moyens. Cette obsession du sang est très sensible dans la *ballata* que chante Colomba, et où elle se décrit elle-même :

> L'orpheline pleure son père — surpris par de lâches assassins — frappé par-derrière — son père dont le sang est rouge — sous l'amas de feuilles vertes. — Mais elle a recueilli son sang — ce sang noble et innocent — elle l'a répandu sur Pietranera — pour qu'il devînt un poison mortel. — Et Pietranera restera marquée — jusqu'à ce qu'un sang coupable — ait effacé la trace du sang innocent » (p. 400).

Il y aurait tout un traité d'anthropologie à écrire sur ce fantasme du sang, présent dans la grande majorité des cultures, depuis des temps immémoriaux. Le sang des innocents, une fois qu'il a été versé, ne peut être « racheté » que par le sang des coupables ». Notre propre hymne national, dans son refrain, ne parle-t-il pas du « sang impur » des ennemis, qui doit « abreuver nos sillons » ? Essayons rapidement ici de relever la « logique » de ce folklore du sang.

Le sang et les liens de famille

Le sang est l'agent de la vie. C'est à ce titre qu'aux yeux de nos plus lointains ancêtres il était doté de propriétés magiques ou sacrées. C'est à travers le sang que s'effectue la transmission de la vie d'une génération à une autre. Respecter le sang, c'est respecter ses parents et sa famille. C'est dans cette optique que les vieux du village, choqués qu'Orso hésite à venger l'honneur de sa famille, déclarent avec indignation : « Les jeunes gens se soucient du sang de leur père comme s'ils étaient tous des bâtards » (p. 412).

Colomba, pour exciter chez Orso le désir de venger leur père, lui montre la chemise de ce dernier, couverte d'une « large tache de sang » (p. 385).

71

Le sang qui « lave » l'offense

Les propriétés symboliques du sang sont curieuses, comme on le voit dans la *ballata* que chante Colomba au chapitre 12, et que nous venons de citer. Il y a deux catégories de sang : le sang innocent et le sang coupable. Or, tandis que le sang innocent, donc « pur », peut devenir un « poison » s'il n'est pas vengé, à l'inverse, le sang coupable, ou « impur », comme le décrivent les paroles de *La Marseillaise*, devient un agent de purification lorsque la vengeance l'a fait couler. Aussi Colomba, dans sa *ballata*, peut-elle dire, en parlant de son frère, que « l'épervier lavera son bec dans le sang » (p. 399). L'offense est une souillure sur l'honneur familial, et seul le sang du coupable a le pouvoir de laver cette tache.

■■■■■ COLOMBA LA VENGERESSE : SES MODÈLES LITTÉRAIRES

Colomba n'est pas sans antécédents dans la mythologie et la littérature. Nous avons déjà cité comme exemple Chimène, l'héroïne de Corneille dans *Le Cid*. Comme Colomba, Chimène veut venger la mort de son père, bien que celui qui l'a tué soit l'homme qu'elle aime, Rodrigue. Mais son honneur familial passe avant son amour et son bonheur personnel. On peut encore citer une autre héroïne de Corneille, l'Émilie de *Cinna*. Comme Colomba, cette jeune Romaine cherche à venger son père. Elle a entrepris de faire assassiner l'empereur Auguste, qui a envoyé son père à la mort pour des raisons politiques. Émilie, comme Colomba, utilise un homme, en l'occurrence son fiancé Cinna, pour accomplir la tâche dont elle-même, en tant que femme, n'aurait pu s'acquitter.

Mais le modèle le plus proche de Colomba est peut-être Électre. Comme la *passionaria* corse, cette héroïne de la mythologie grecque pousse son frère, Oreste, à venger la mort de leur père Agamemnon. On se souvient que parmi les coupables se trouve leur propre mère, Clytemnestre. Voilà qui donne certaines lettres de noblesse (littéraire) à l'héroïne de Mérimée...

10 La technique narrative de Mérimée dans Colomba

Dans cette longue nouvelle, Mérimée déploie ses qualités de conteur. Son style est à la fois nerveux, concis, et suffisamment clair pour être accessible au plus grand nombre. Pour autant, sa technique narrative est très subtile. Bien que romantique, Mérimée se rattache, sur le plan de la forme, à la tradition classique de naturel et de simplicité : tout son art consiste précisément à dissimuler l'art.

L'OUVERTURE DU RÉCIT

Au début du chapitre 6, l'auteur s'adresse directement au lecteur pour expliquer et justifier la technique narrative qu'il a choisie : « C'est pour me conformer au précepte d'Horace que je me suis lancé tout d'abord *in medias res* » (p. 349). Que veut-il dire par là ? L'expression latine : *in medias res* peut se traduire approximativement par « en cours d'action » (littéralement : « au milieu des choses »).

Commencer un récit *in medias res* signifie donc entrer directement dans l'action, sans introduction préalable, plonger d'emblée le lecteur dans l'univers de la fiction. Beaucoup de romanciers du XIXe siècle procèdent de cette manière : que l'on se réfère, par exemple, au début de *Madame Bovary* : « Nous étions à l'étude lorsque le Proviseur entra, suivi d'un nouveau habillé en bourgeois... » Flaubert nous transporte sans préambule au milieu de cette salle de classe où apparaît, pour la première fois, le personnage de Charles, l'infortuné mari d'Émma.

Mérimée procède de la même manière au début de *Colomba*, et les cinq premiers chapitres de la nouvelle constituent une narration précise et serrée de la rencontre entre les deux Britanniques (le colonel Nevil et sa fille Miss Lydia) et les deux Corses (Orso et Colomba). Il attend jusqu'au sixième chapitre pour « instruire [s]on lecteur de certaines particularités qu'il ne doit pas ignorer, s'il veut pénétrer davantage dans cette véridique histoire » (p. 349). Ces « particularités » ne sont autres que l'histoire des hostilités entre la famille della Rebbia et celle des Barricini.

Avantages et inconvénients de cette technique narrative

Du point de vue de la réussite formelle d'une nouvelle ou d'un roman, les avantages d'un début *in medias res* sont nombreux. Citons seulement les plus importants.

En premier lieu, le début *in medias res*, en nous plongeant directement en plein cœur de l'action, nous oblige à rapidement nous accoutumer à l'atmosphère particulière du récit. Ce type de début narratif comporte un effet stimulant pour l'imagination, à laquelle il donne un « coup de fouet ».

D'autre part, le début *in medias res* comporte un effet de réalisme. Sans commentaire introductif de l'auteur, le récit prend vie sous nos yeux. Sa fiction est plus convaincante, du fait que nous y entrons soudainement. Nous avons l'impression de voir une action se dérouler sous nos yeux, comme dans la vie.

Mais ce procédé est loin d'être sans inconvénients. D'une part, c'est une technique qui exige une certaine habileté d'écrivain ; un début *in medias res* écrit d'une plume maladroite peut sombrer dans la gaucherie et l'invraisemblance. Les mauvais romans policiers nous en donnent de tristes exemples. Les premières pages de ce type de littérature à bon marché sont souvent encombrées de clichés ridicules. D'autre part, la majorité des récits ne sont guère intelligibles en l'absence d'un contexte que l'auteur ne peut pas donner s'il commence *in medias res*. Dans *Colomba*, Mérimée est obligé de faire un retour en arrière, au chapitre 6, pour nous expliquer les causes historiques de la *vendetta* entre les deux familles. Ce retour en arrière l'oblige à interrompre le fil de son récit. Mais, très habilement, Mérimée place cette parenthèse après le chapitre 5.

Pourquoi Mérimée interrompt-il son récit après le chapitre 5 ?

La réponse à cette question est assez claire : c'est au chapitre 5 que Colomba apparaît dans le récit. On la voit arriver, en effet, vêtue de noir, à l'hôtel d'Ajaccio où séjournent Orso et les deux Britanniques. Une fois Colomba introduite, Mérimée peut se permettre d'interrompre le fil de son récit pour nous donner tout le contexte antérieur et les informations nécessaires, car il a fini de nous présenter les personnages principaux du drame qui va suivre.

En outre, Mérimée justifie la liberté qu'il prend avec le fil de son récit en situant cette « parenthèse » pendant la nuit, alors que tous les personnages dorment : « Maintenant que tout dort, et la belle Colomba, et le colonel, et sa fille, je saisirai ce moment pour instruire mon lecteur... » (p. 349).

◼◼◼ LES PROCÉDÉS D'ANTICIPATION

Un bon conteur doit essentiellement maintenir l'intérêt du lecteur, tout au long du récit. C'est la règle d'or de toute littérature narrative. L'une des nombreuses techniques qu'utilise Mérimée pour parvenir à cette fin est l'*anticipation*. Le narrateur de *Colomba* intervient directement, à certains moments critiques, pour laisser entrevoir au lecteur la suite des événements. Les procédés d'anticipation aident le lecteur à suivre le déroulement de l'histoire, et lui donnent envie de connaître la suite du récit. Prenons-en un exemple.

À la fin du chapitre 14, nous voyons Colomba introduire discrètement chez elle « deux hommes de fort mauvaise mine » (p. 409). Cet incident survient juste la veille de la visite du préfet et des Barricini, au cours de laquelle le préfet espère réconcilier les deux familles. On sait que Colomba ne veut pas entendre parler de réconciliation, et l'on devine qu'elle prépare une parade, à laquelle les deux individus louches sont associés. Le désir naturel du lecteur, à ce moment, est donc d'en savoir plus sur ces deux inconnus. Mais le narrateur, habilement, nous fait patienter jusqu'au chapitre suivant : « Ce qu'étaient ces deux hommes, on le saura tout à l'heure. » Ainsi, il maintient le *suspense* et ménage un effet de surprise au chapitre 15, lorsque nous voyons intervenir ces deux hommes, qui ne sont autres que les bandits Brandolaccio et Castriconi.

■■■■ LE RÉALISME

Dans une nouvelle ou un roman, le narrateur cherche très souvent à maintenir l'intérêt du lecteur en présentant son œuvre comme le récit d'événements réels. C'est ce que fait Mérimée à plusieurs reprises dans *Colomba* : nous le voyons nier, purement et simplement, le caractère fictif de son récit, qu'il décrit, au chapitre 6, comme une « véridique histoire » (p. 349). Toutefois, bien que Mérimée ait rencontré, lors du voyage qu'il fit en Corse, en 1839, des modèles pour ses personnages, il est clair que *Colomba* est pour l'essentiel une œuvre de fiction. Le réalisme n'est qu'un simple procédé littéraire.

Les notes en bas de page

C'est surtout dans les notes, en bas de page, que Mérimée intervient directement pour assurer son lecteur du caractère « véridique » de son histoire. Il utilise notamment ce procédé apparemment très objectif et académique lorsqu'un événement de l'histoire sort quelque peu du vraisemblable. Par exemple, lors de la scène de l'embuscade, où Orso, bien que blessé, parvient en tenant son fusil d'une seule main à tuer les deux frères Barricini, Mérimée craint que son lecteur n'ait des difficultés à admettre qu'une telle prouesse soit possible. C'est alors qu'il place une note, pour se défendre des objections qu'il anticipe dans l'esprit du lecteur (p. 439). Il affirme, dans cette note, que la même situation s'est produite dans la ville corse de Sartène (cf. la carte, p. 43), et il invite son lecteur à aller vérifier lui-même auprès des habitants.

Un narrateur qui connaît bien son sujet

En fait, presque tous les procédés de réalisme dans *Colomba* consistent, pour Mérimée, à persuader son lecteur qu'il est bien renseigné sur le sujet dont il parle, c'est-à-dire la Corse, et sa culture. Plus le lecteur aura l'impression que Mérimée a soigneusement étudié et exploré l'« île de Beauté », et plus il (le lecteur) sera disposé à accepter l'histoire de *Colomba* comme vraie, ou du moins vraisemblable.

C'est pourquoi Mérimée intervient souvent, non seulement dans les notes mais aussi dans le cours de son récit, pour simplement « étaler sa science ». On en voit un bon exemple dans les descriptions du chapitre 3. Mérimée décrit longuement les habitudes corses, comme le ferait un guide de tourisme. Il est même à la limite du pédantisme.

Ce procédé est assez voisin de la « couleur locale » (voir ci-dessus, p. 62), mais avec une nuance importante. La couleur locale vise à séduire : c'est un procédé romantique destiné à frapper l'imagination des lecteurs. Le réalisme, qui est renforcé par ces passages où l'auteur nous montre son érudition, vise à impressionner le lecteur, et à obtenir sa confiance : l'histoire qu'il lit n'est pas une simple fantaisie, elle est profondément enracinée dans la réalité.

Du romantisme au réalisme

Ce dernier point permet de situer Mérimée dans l'histoire de la littérature du XIXe siècle. Comme son ami Stendhal, et comme Balzac, Mérimée appartient à la génération romantique. Nous avons vu par quels traits caractéristiques l'œuvre de Mérimée s'apparente bien à l'esthétique romantique (voir ci-dessus, p. 61). Mais ces trois auteurs, Balzac, Stendhal et Mérimée, ont un autre point commun : partis du romantisme, ils préparent à l'intérieur de celui-ci la transition vers le nouveau courant qui va dominer la littérature narrative au milieu du XIXe siècle : le réalisme. Par l'attention portée aux détails de la réalité historique, géographique et sociale, ces trois auteurs orientent le roman vers une nouvelle fonction. L'œuvre littéraire, outre sa fonction esthétique, tend à devenir aussi un *document* sur une époque ou un milieu.

BIBLIOGRAPHIE

Études générales sur Prosper Mérimée

— Jacques Chabot, *L'autre moi : fantasmes et fantastique dans les nouvelles de Mérimée* (Aix-en-Provence, Épisud, 1983). Comme le titre l'indique, cet ouvrage traite surtout de la dimension fantastique dans l'œuvre de notre auteur. La méthode s'inspire de la psychanalyse.

— Paul Léon, *Mérimée et son temps* (Paris ; Presses Universitaires de France, 1962). Une étude assez détaillée, non pas sur l'œuvre de Mérimée, mais sur sa vie publique et privée, dans le contexte des grands événements historiques de son temps.

Sur le fantastique

— Tzvetan Todorov, *Introduction à la littérature fantastique* (Paris, Le Seuil, 1970). La plus importante théorie du fantastique en littérature. *La Vénus d'Ille* est prise comme exemple.

— Pierre-Georges Castex, *Le Conte fantastique en France* (Paris, Corti, 1951). Un classique. Bon panorama historique du genre dans lequel excellèrent Mérimée, Gautier et Maupassant.

— Jean Bellemin-Noël, *Vers l'inconscient du texte* (Paris, Presses Universitaires de France, 1979). Étude psychanalytique de textes littéraires. Contient un chapitre assez fouillé sur *La Vénus d'Ille*, intitulé : « Une Vénus mal enchaînée ».

Sur la nouvelle et le conte

— René Godenne, *La Nouvelle française* (Paris, Larousse, 1970). Par le meilleur spécialiste du genre, une histoire de la nouvelle en France, des origines au XXe siècle. Contient un excellent chapitre sur le XIXe siècle, avec plusieurs références à Mérimée.

— Michel Viegnes, *L'Esthétique de la nouvelle française au XXe siècle* (New York, Peter Lang, 1989). Bien que Mérimée ne figure pas parmi les auteurs traités, comme le titre l'implique, cette étude commence par un chapitre théorique sur la nouvelle, qui fait le point sur toutes les définitions du genre proposées jusqu'à ce jour.

INDEX DES THÈMES ET NOTIONS

LITTÉRATURE

FORMATION

Achevé d'imprimer par Maury-Eurolivres S.A.
45300 Manchecourt
Dépôt légal : 15223 – Mars 1996
Nᵒ d'imprimeur : B96/52421